理想の職場マネージメント

一軍監督の仕事

高津臣吾

光文社新書

プロローグ

2022年の日本シリーズ、スワローズは2勝4敗1分でバファローズに敗れた。

悔しい。とにかく悔しい。その思いを抱えながら2023年のシーズンに突入しているのだが、日本シリーズで戦った7試合の内容をほとんど覚えていないのだ。日本一になった2021年のことはよく覚えているのだが——。

もちろん、第2戦で内山壮真が代打でスリーランを放ち、試合を振り出しに戻したことだとか、第3戦で1番に座った山田哲人が宮城大弥《ひろや》投手からスリーランを打ったとか、印象的な場面のことは記憶にある。ところが、細かい内容となると、どういうわけか記憶が薄い。

シリーズを戦っているうちは、試合後のコーチミーティングもしっかりやるし、試合内容も反芻《はんすう》している。最前線で指揮を執《と》っていたのだから、覚えていないはずはないのだが、日本シリーズが終わって1週間ほどの休みを終え、秋季キャンプが始まった時点で内容が抜け落ちていた。「あれ、細かい展開はどうだったっけ？　リリーフ、誰から誰につないだっけ？」という状態になっていた。試合の記憶が薄くなることは滅多にないので、戸惑ってしまった。

なぜだろうか？

あまりに悔しかったせいかもしれない。

あるいは、自分の感情を超えたもの、なにかシリーズの「流れ」のようなものに飲み込まれ、記憶が曖昧《あいまい》になってしまったのかもしれない。

第3戦を終えて、2勝1分。シリーズを優位に運んでいたわけだから、勝ち切らなければいけなかった。

この悔しさをどう受け止め、どう成長に結びつけるか。それが僕の仕事になった。

2023年のキャンプインを前に、僕は選手たちにこう話した。

「去年の悔しさを晴らせるのは、今年しかないからね。ただし、だからといって必要以上に入れ込む必要はないから。今年しかできないこの挑戦をみんなに楽しんでほしい」

勝つことは大切だが、毎日の職場であるクラブハウス、そしてグラウンドで楽しむことも大切だ。それが野球という仕事の基本である。選手たちにそのことだけは伝えたかった。

さて、一軍監督として4年目のシーズンを迎えることになる。6位、優勝、優勝と成績が安定してきたので、ファンのみなさんの期待が高まっているのは承知している。今年も勝ちにいくのはもちろんのことだが、来年以降もスワローズが安定した成績を残すことも重要だ。そのためには、「収穫しながら、種を蒔《ま》く」ことを並行して進めていかなくてはならない。目の前の勝利に全力を尽くすのはもちろん、同時に将来の可能性も広げたいのだ。

今回は、自分がどういった思考のプロセスを経て、「強いスワローズ」をつくろうとしているかを書いてみたい。

そのターゲットに近づくためには、成功への青写真――「ブループリント」をつくることが大切だ。青写真を現実のものとするために、どのようにマネージメントをしていくか、球団の財産である人材をどう育成していくのか、可能な範囲でファンのみなさんにご紹介できたらと思う。

プロ野球の試合は年間143試合、どれひとつとして同じシチュエーションになることはない。それでも、どんな状況になっても対応できるよう、キャンプから練習を積み重ねていく。キャンプで練習しても、シーズンでは一度も使わないプレーだってある。そうした準備があるからこそ、監督、コーチ陣は最適な決断を下せるようになる。

野球とは準備のスポーツなのだ。

それをファンのみなさんにご理解いただき、より深く野球を楽しんでいただけるようになれば幸いである。

２０２３年４月

東京ヤクルトスワローズ監督　高津臣吾

目次

2022シーズン　セ・リーグ順位表

順位	チーム	試合数	勝数	負数	引分	勝率	ゲーム差	得点	失点	本塁打	打率	出塁率	長打率	防御率
1	スワローズ	143	80	59	4	.576	―	619	566	174	.250	.318	.410	3.52
2	ベイスターズ	143	73	68	2	.518	8.0	497	534	117	.251	.308	.378	3.48
3	タイガース	143	68	71	4	.489	4.0	489	428	84	.243	.301	.337	2.67
4	ジャイアンツ	143	68	72	3	.486	0.5	548	589	163	.242	.309	.392	3.69
5	カープ	143	66	74	3	.471	2.0	552	544	91	.257	.309	.364	3.54
6	ドラゴンズ	143	66	75	2	.468	0.5	414	495	62	.247	.301	.341	3.28

2022シーズン　タイトル獲得選手

最優秀選手	村上宗隆
ベストナイン	中村悠平
ベストナイン	オスナ
ベストナイン	村上宗隆
本塁打王	村上宗隆（56本）
首位打者	村上宗隆（.318）
打点王	村上宗隆（134）
最高出塁率	村上宗隆（.458）
コミッショナー特別賞	村上宗隆
ゴールデン・グラブ賞	中村悠平
ゴールデン・グラブ賞	長岡秀樹
ゴールデン・グラブ賞	塩見泰隆

勝利数

1	サイスニード	9勝
1	木澤尚文	9勝
3	小川泰弘	8勝
3	原　樹理	8勝
3	高橋奎二	8勝

投球回数

1	小川泰弘	153 1/3回
2	サイスニード	132 1/3回
3	原　樹理	107 2/3回
4	高梨裕稔	102 2/3回
4	高橋奎二	102 2/3回

奪三振数

1	高橋奎二	113
2	サイスニード	96
3	小川泰弘	91
4	高梨裕稔	84
5	マクガフ	59

セーブ数

1	マクガフ	38
2	田口麗斗	2
3	今野龍太	1

ホールド数

1	清水 昇	28
2	田口麗斗	18
3	石山泰稚	16
3	今野龍太	16
3	梅野雄吾	16

打率

1	村上宗隆	.318
2	塩見泰隆	.276
3	オスナ	.272
4	山田哲人	.243
5	長岡秀樹	.241

本塁打数

1	村上宗隆	56
2	山田哲人	23
3	オスナ	20
4	塩見泰隆	16
5	サンタナ	15

打点

1	村上宗隆	134
2	オスナ	74
3	山田哲人	65
4	塩見泰隆	54
5	長岡秀樹	48

出塁率

1	村上宗隆	.458
2	塩見泰隆	.345
3	山田哲人	.333
4	オスナ	.312
5	長岡秀樹	.273

長打率

1	村上宗隆	.710
2	山田哲人	.456
3	塩見泰隆	.453
4	オスナ	.440
5	長岡秀樹	.337

OPS

1	村上宗隆	1.168
2	塩見泰隆	.797
3	山田哲人	.790
4	オスナ	.751
5	長岡秀樹	.610

盗塁数

1	塩見泰隆	24
2	村上宗隆	12
3	山崎晃大朗	10
3	山田哲人	10
5	青木宣親	3

犠打数と成功率

1	長岡秀樹	10	1.000
2	山崎晃大朗	9	.692
3	中村悠平	8	1.000
4	宮本 丈	7	1.000
5	小川泰弘	7	.583

得点圏打率

1	村上宗隆	.350
2	オスナ	.299
3	塩見泰隆	.278
4	長岡秀樹	.254
5	山田哲人	.238

代打安打数と代打率

1	濱田太貴	9	.231
2	内山壮真	8	.296
3	川端慎吾	6	.143
4	青木宣親	4	.235
5	宮本 丈	4	.125

※打率、出塁率、長打率、得点圏打率は規定打席到達者のみ

第1章　ブループリント——青写真のつくり方

オフに考えをめぐらせる

プロ野球の世界では、シーズンが終わってから納会がある。1年間、選手、スタッフみんなで戦ってきての、「おつかれさん会」である。スワローズの場合、一軍のキャンプは沖縄・浦添、二軍は宮崎・西都に分かれるので、全員が一堂に会する貴重な機会だ。

僕は指定されたテーブルに座って、ともに戦った選手たちの顔を眺めていた。すると、次々にアイデアが浮かんでくる。

彼をどこかに使えないだろうか？

いまはポジションが埋まっているが、コンバートしたら戦力になるんじゃないか？

いまは無理としても、将来、彼はスワローズにとって欠かせない戦力になっているかもしれない——。

そんなアイデアが次々に湧いてくる。

野球の難しいところは、ポジションが9つしかないことだ。誰かがレギュラーを取れば、誰かがはじき出される。選手がチャンスをモノにするのは、幸運にも恵まれなければならない。

それでも、９人だけで戦っているわけではない。登録できる選手は31人、そのうちダグアウトに入れる26人の力を最大限引き出し、１４３試合を戦うのがプロ野球の世界である。スワローズは三軍組織を持っていないので、能力を引き出し、人材を有効に活用しなければ安定した強さはつくり出せない。

そこで必要になってくるのが、単年、さらには中長期にわたるチームの設計図、青写真である。オフはそのイメージを膨らませる絶好の期間なのだ。

昔、アメリカでプレーしていた時に、スポーツニュースで、こんな映像を見た。

大学のバスケットボールのチームの監督が、最後のトーナメントで負けてシーズンが終わるとすぐ、来季のメンバーの「デプスチャート」——ポジションごとに何人の選手がいるかという表をつくり始めていた。

神宮球場にあるスワローズの監督室にも、同じようなチャートがある。ホワイトボードに一軍、二軍すべての選手のネームプレートが貼られ、現在のポジションがひと目で分かるようになっている。僕の場合、新しいシーズンのことだけでなく、数年後のスワローズのことをイメージすることもある。

2023年、4つのメッセージ

アイデアを膨らませ、球団社長以下、編成、スカウトと同じ方向を向き、戦い方、鍛え方をコーチたちと相談してキャンプに備える。

日本一奪回を狙う2023年1月31日、僕は一軍のキャンプに参加するメンバーに向けて、4つのことを意識してほしいと話した。

①去年の悔しさを晴らすのは今年しかない。それでも、絶対に野球を楽しんでほしい
②サインプレーなど、細かいことを疎《おろそ》かにしない
③競争すること
④してはいけないのは、ケガをすること

日本シリーズで負けたこと。その思いを忘れることなく、その挑戦を楽しむ。これが大前提である。気を張り詰めてばかりいては、一年を通しては戦えない。チームとして弱点を克服するにしても、みんなで楽しく、コミュニケーションを図りながら取り組んでほしいというのが僕の意図だった。

２つ目は、細かいことを徹底する意識を持つこと。これは２０２２年のポストシーズンの反省から生まれたものだ。

クライマックスシリーズのタイガース戦では、相手の守備が乱れ、それを点に結びつけて日本シリーズに駒を進めることができた。ところが、バファローズとの日本シリーズでは、スワローズの守備の乱れ、連係ミスが敗因につながってしまった。そこでキャンプインを前にして、選手たちには、サインプレーを徹底し、取れるアウトはしっかり取ることを改めて意識してほしいと話した。

ただし、この課題についてもピリピリするのではなく、楽しく取り組んでほしかった。楽しく、と書くと語弊があるかもしれないが、敗因になったことに対してポジティブに取り組むことが重要だと考える。前向きになっていれば、いろいろなディスカッションが可能になる。そのコミュニケーションの一つひとつが確実なプレーにつながり、ミスが減ってくる。たとえば、二遊間の選手同士はコミュニケーションが密な方が、絶対にプレーの質が上がる。

３番目には競争を促すメッセージを伝えた。

２０２３年のシーズンは、ワールドベースボールクラシック（ＷＢＣ）があり、投手では高橋奎二《けいじ》、捕手の中村悠平、内野で山田哲人と村上宗隆が侍ジャパンに招集された。例年とはチームのつくり方に変化が生じた。

WBCは、日本を代表する選手たちがプレーする素晴らしい舞台なので、ひとりでも多くスワローズから選ばれてほしいと思っていた。これだけ優秀な選手たちが、スワローズにいるんだぞ、ということをアピールできる場になるからだ。実際、日本代表は素晴らしい優勝を遂げた。ぜひとも、いままで神宮球場に行ったことがないという人にも足を運んでほしいと思っている。

ただ、チームづくりの観点からいえば、中心である彼らが1カ月以上にわたってチームから抜けるわけで、開幕してからの不安がないといったら嘘になる。

そのかわり、オープン戦では若手にたくさんチャンスを与えることができるし、違った意味でチームを活性化できるという楽しみもあった。

監督、コーチはチャンスを与えることはできる。それでも、競争するのは選手たち自身である。競争心をむき出しにしてチーム力を上げてほしかった。これだけチャンスのある年は滅多にない。

そして大切なのは、競争するにしてもケガをしないこと。後述するが、スワローズがリーグ連覇できたのは、選手のコンディショニングを重視してきたことが根底にあり、ケガなく、全員が戦力になるチームを目指している。健康でいること、それがチームを支えることにつながるという自覚を選手たちに持ってもらいたい。

もちろん、避けられないケガはあるが、最近の選手たちは体のことを本当に気づかっているので、それほど心配はしていない。

チームの「核」を決める

キャンプインする時は、「これもできたらいい、あれもできたらいいな」と理想を持って臨む。たくさんのイメージがあるので、シーズンが終わって達成度を測ると、できているのは半分くらいかな、とも思う。それでも、理想は高く持ちたい。

実際にチームをつくっていくにあたっては、まず「核」となるポジションを決めていく。

プロ野球の世界では、大きな意味を持つポジションがいくつかある。先発では開幕投手、打者では4番、ブルペンではクローザーが「チームの顔」となる。

この3つを担当する選手たちは、ちょっと結果が出ないからといって、すぐに替えるものではないと僕は思っている。先発が序盤で炎上しようとも、クローザーが打たれたとしても、4番にヒットが出なかったとしても、そしてそれが続いたとしても、簡単には替えない。その根底には、「お前に任せた」という信頼感があるわけで、結果が出るのを待つのが監督の仕事だと思っている。

開幕投手は、シーズンが始まるにあたってエースとしての役割を担うことになる。監督によっては、キャンプが始まる前から開幕投手を指名する場合もある。僕は競争を促す意味で早い段階で決めることはしないが、いずれにしても、監督からの「信任」を得た先発投手がマウンドに上がるわけだ。2023年は3年連続で小川泰弘が務めた。

4番打者については、スワローズではありがたいことに、いまはまったく悩む必要がない。僕の二軍監督時代から村上宗隆に任せてきたし、村上は持てる力を存分に発揮してくれている。彼にはずっと、ずっとスワローズの4番を打ってもらいたい。

クローザーについては、僕自身が務めていたポジションということもあり、思い入れが強い。クローザーを決めたら簡単には替えられないし、シーズン、いや、数年間はその投手に任せたいと思う。2022年のシーズンを最後にスコット・マクガフがいなくなったことで、ブルペンの再編に取り組まなければならなくなった。

2023年の開幕時点では、田口麗斗《かずと》にクローザーを任せたが、ここでは僕なりに、クローザーの仕事に求められることをまとめておこう。

クローザーとは、試合を締めくくるだけではなく、打者に対するカウントのつくり方や打ち取り方まで、内容が求められる仕事だ。新しくクローザーを指名する場合は、投球の中身を吟味しながら誰が最適なのかを考えていく。

数字には表れない要素も大切だ。

メジャーリーグであれば、160キロを超えるフォーシーム（いわゆるストレート）でグイグイ押していく投手には威圧感があり、もちろん、これも大切な要素ではある。それでも、軟投派の僕がシカゴ・ホワイトソックスのクローザーを務めたこともあるから、球威ばかりが必要な要素ではない。

大切なのは、「アイツが出てきたら、なかなか打てない」と思わせる投球ができることだ。相手を「諦めモード」にさせられるクローザーがいるチームは強い。そうした「圧」をかけられるクローザーを今後も育てていきたい。

加えて、体の強さも重要だ。シーズンを通して、常にブルペンに待機できる心身の強さが求められる。

「圧」というのは大事で、先発投手が圧をかけられれば相手は後手に回るし、村上のような打者が打席に入れば、相手バッテリーには圧がかかる。

圧を与えられる選手こそが、チームの核となれる。

先発投手陣の整備

核が決まったら、それぞれの「部署」の整備に取り掛かる。

プロ野球のチームづくりの土台となるのは、安定した先発投手陣だ。僕が投手出身ということもあるが、やはり試合をつくってくれる先発投手が何人いるかによって、チームの戦い方が変わってくる。

2015年、僕が一軍投手コーチだった時のリーグ優勝、2020年のリーグ最下位、2021、2022年のリーグ連覇の経験をもとにしていえるのは、先発投手の安定が、ブルペンを際立たせる、ということである。

2015年はバーネット、オンドルセク、ロマン、秋吉亮というブルペンが大活躍したシーズンだったが、彼らが良い働きができたのも、小川泰弘、石川雅規、石山泰稚《たいち》（石山はこのシーズンまで先発を務めていた。リリーフへの本格転向は2017年）らの先発陣が20試合以上投げ、クオリティスタート（6イニング以上投げ、かつ自責点を3点以内に抑えること）の回数が多かったからだ。

では、最下位に終わった2020年と、連覇を達成した2021、2022年の違いはなんだったのか。それは先発投手陣の勝ち星の差に表れている。

【2020年】

小川泰弘	20試合	10勝8敗
高梨裕稔	17試合	3勝6敗
石川雅規	15試合	2勝8敗
吉田大喜	14試合	2勝7敗
スアレス	12試合	4勝4敗

※先発での試合数のみ。以下同。

【2021年】

小川泰弘	22試合	9勝6敗
奥川恭伸《やすのぶ》	18試合	9勝4敗
田口麗斗	17試合	5勝9敗
石川雅規	16試合	4勝5敗

スアレス	13試合	5勝3敗
高橋奎二	13試合	4勝1敗
サイスニード	13試合	6勝2敗
高梨裕稔	12試合	4勝1敗

【2022年】

小川泰弘	25試合	8勝8敗
サイスニード	23試合	9勝6敗
原樹理	20試合	8勝7敗
高梨裕稔	19試合	7勝9敗
高橋奎二	17試合	8勝2敗
石川雅規	16試合	6勝4敗

一目瞭然の差である。2020年は、合計17人の投手が先発しており、理想とするような先発ローテーションをつくれなかった。本当にやりくりがたいへんだった。

２０２１年はこの反省をもとに、投手陣のコンディショニングに配慮しながら、トータル10人でシーズンの先発を回すことができた。10試合以上投げた投手以外では、原樹理と金久保優斗が８試合ずつ投げており、比較的安定したローテーションを組めた。それがリーグ優勝、そして日本一につながったと思う。しかも、シーズン途中に手薄だったブルペンに田口麗斗とスアレスを〝異動〟させることができたのは大きかった。年間を通じて投手陣を強化できたシーズンだった。

２０２２年の先発投手は、合計15人になった。コロナ禍もあって、こちらもローテーションの編成には苦労したが、先発陣はいい仕事をしてくれた。

単年だけでなく、３年間というスパンで振り返ってみることも大切だ。すると、３年間で小川が合計67試合に先発し、ローテーションの核になってくれていることが分かる。続いて高梨が48試合。ベテランの石川は登板間隔を空けながら47試合。

小川のように、毎年20試合以上をコンスタントに投げてくれる投手がそろえば安心だが、いろいろなことを考慮して、登板間隔を調整しながらローテーションを組んだことで、こういう数字になった。

年齢バランス

長期的な成功を収めるにあたっては、投手陣の年齢バランスを考慮する必要がある。これは生態系というべきものであって、ベテランから中堅、そして若手へとスワローズの投手としての心得を伝えていく必要がある。いまはベテランの石川が手本を示し、小川、サイスニードらの中堅の投手たちが屋台骨となってくれている。

ただし、いまのスワローズは、中期的に見て弱点がある。2022年シーズン、10試合以上登板した20代の先発投手が、原樹理と高橋奎二だけだったのだ。本来であれば、2010年代後半から2020年代にかけてドラフトで指名した投手陣がここに割って入ってこなければならない。数年後のスワローズを考えると、そのあたりが不安材料といえなくもない。2023年以降、将来の青写真を実現させるためには、若手の台頭が急務だ。投手コーチ一丸となって取り組んでいくべき課題である。

その意味では、シーズンで1、2試合しか先発機会のない選手たちは、一つひとつのチャンスを大切にしてほしい。そこでしっかりとゲームをつくることができれば、2試合目のチャンスが生まれ、結果を残し続ければ自分のポジションを獲得できる（もちろん、相手が研究してくるので、成功を重ねるのは並大抵のことではないが）。

スワローズの仕事としては、若手の突き上げを促すことが2023年以降の課題となる。これは単年では解決できない問題で、編成、スカウトとも相談しながら補強していかなければならない。

「ゆとりローテーション」

先発陣に関していえば、信頼できる6人の投手が1シーズンにわたってローテーションを守り、活躍してくれるのが理想だ。監督としては実現させてみたい。正攻法でいくならば、日曜日に投げた投手はずっと日曜日に投げる。投手とすれば、曜日の感覚がつかみやすいし、調整しやすいというメリットがある。

スワローズは、2021年、2022年と「ゆとりローテーション」を採用した形になった(僕自身が「ゆとりローテーション」と言ったことはない。誰が言い出したのかは僕も知らない)。小川、サイスニードといった軸となる投手は中6日で登板するが、たとえば、石川や高橋奎二については中9日で登板させることが多かった。この2人に関しては、中6日よりも中9日という調整期間を取った方が投球の質が高く、チームの利益につながると考えた。

ただし、「ゆとりローテーション」は、先発の駒が十分でなければ実現できない。若手にはそれだけチャンスが広がるシステムなのだが、将来的には次のような成功への青写真を描いている。

・本来であれば、シーズン143試合を6人の先発投手だけで回せる強固なローテーションづくりを目指す

・若手、あるいはベテランが中9日など、ゆとりローテーションの方が良いパフォーマンスを発揮できる場合には、ローテーションの中に「ゆとり枠」を設ける

ゆとり枠の難しさは、9日空けたからといって、必ずしもこちらが望んだようなピッチングができるとは限らないということだ。それでは本末転倒なので、それぞれの投手の状態の見極めが重要になってくる。

「ゆとりローテーション」は新しい発想」という評価も頂戴するが、これが今後のスワローズのスタンダードになるとは思っていない。

あくまで2021年、2022年と、戦力を俯瞰《ふかん》して見た時に、最適な方法を採ったにす

ぎない。数年後、最高のローテーションが組めるという自信があれば、6人で回すようになると思う。選手たちはそのローテーションに入る努力をしてほしい。

ブルペンのブループリント

次にブルペンの話に移る。

ブルペンには8人が入るのがスワローズの基本である。考え方としては、まずクローザーを決めてから、7回、8回のセットアッパーを2人配置していく。これが勝ちパターンで投入する3人だ。

そしてアメリカでいう「ミドルマン」――競った展開で試合中盤の5回、6回に投げる投手を2、3人用意する。2022年でいえば、木澤尚文はここで結果を残して一軍に定着した。試合展開によっては勝ち星が増えることも多いのは、9勝を挙げた木澤が証明している。

また2022年は、田口麗斗や久保拓眞というサウスポーのスペシャリストがいい仕事をしてくれたので、選択の幅が広がった。

さらには、序盤で先発が崩れた時に2、3回から登板する「ロングマン」も必要だ。加えて、敗色濃厚になった場合に投入する投手も用意しておかなければならない。

ブルペン投手の起用は、試合の流れ、パターンによって継投の「型」にハメていくが、そこに登板間隔という要素も入ってくる。

たとえば、8回を投げる清水昇がしばらく投げていなかったとする（型にハマる試合がなかったため）。もし終盤8回の時点で1点負けていたら、普通は清水を登板させないのだが、間隔が空いていたら投入することはあり得る。

そしてまた、投手起用は選手たちへのメッセージにもなる。7回、2点負けている場面で石山泰稚を投入したら、選手たちは「おっ」と思うはずだ。監督は投手起用によって「逆転の意志」を伝えることが可能なのだ。

難しいのは、6連戦の初日の火曜日に先発が崩れた場合だ。日曜まで連戦が続くので、逆転が難しい点差になったらあまり投手をつぎ込みたくはない。そうした試合で「ロングマン」がしっかりと投球してくれればリリーフ投手をつぎ込む必要がなくなり、6戦トータルでのマネージメントが楽になる。大事なカードの頭を落としたとしても、週末までを見据えた発想が必要である。

ありがたいことに、リーグ連覇を達成した2021年、2022年は、出すピッチャー、出すピッチャー、全員が崩れるということがほとんどなく、最後まで緊張感を持って戦えた試合が多かった。

ただし、監督として「これは負けだな」と思う試合展開もある。先発が序盤に崩れ、打線が反撃しているにもかかわらず二番手、三番手が1点ずつ取られていくような試合だ。なんとか踏ん張らなければと思っているのに、さらに四番手が2点を取られるという展開がいちばん良くない。

連覇中のスワローズは、たとえ、序盤で投手が崩れても、二、三番手が踏ん張ってゲームをつないでくれたことが多かった。ロングマンは成功すれば、先発のチャンスが増える。チームのピンチは誰かのチャンスだ。

序列

野球の世界では、成績によって明確に順番がつくし、序列もできやすい。中でも投手陣は、序列が分かりやすい。先発であれば、カードの初戦——火曜日や金曜日に投げる投手はチーム内でも実力を証明した選手たちが務める。

そしてブルペンでどっしり構えるのは、クローザーだ。ブルペンの構成は7回以降を任されるAグループ、中盤の競った展開を担うBグループ、序盤に厳しい展開になった時に登板するCグループというように、大まかに分かれている。

リリーバーであるならば、Aグループ入りを誰もが目指している。

僕がホワイトソックスでプレーした時、その序列を目《ま》の当たりにしたことがあった。試合前のメンバー表にブルペン投手の名前が張り出されるのだが、ホワイトソックスの場合、いちばん下に書かれているクローザーの地位がもっとも高い。僕は開幕当初は下から3番目くらいに書かれていた。それが2番目のセットアッパーになり、6月にいちばん下になったのだ。いまでもその日のことをよく覚えている。

これがブルペンの構造であり、監督は、クローザーを決めてからブルペン投手を逆算して組み立てていく。

考えてみれば、2021年の途中から安定して戦えたのは、シーズン途中からマクガフをクローザーに固定し、8回を清水昇、7回を今野龍太で勝ち切る体制を構築できたからだ。ただし、コンディションを考慮して3連投はさせない、という起用方針だったので、日によって、あるいは試合展開によって送り出す投手を変更した。目の前の1勝も大切だが、シーズンを通してのマネージメントも重要だ。

逆に、抑えを固定できないと、ブルペンのやりくりが難しくなる。シーズン途中でクローザーを交代するとなると、ひとりの役割が変わるだけでなく、ブルペン全員に影響が出てくる。シーズン中のブルペンでの人事異動は避けたいし、ころころ変えるものではない。

野手のブループリント

ここまで書いてきたように、投手陣についてはまだまだ整備しなければいけないことがあるが、野手に関しては想定以上に組織としての強みを出せていると思う。
２０２２年の日本シリーズの打順を見てみよう。

中堅　塩見泰隆　（29歳）
左翼　山崎晃大朗（29歳）
二塁　山田哲人　（30歳）
三塁　村上宗隆　（22歳）
一塁　オスナ　（29歳）
捕手　中村悠平　（32歳）
右翼　サンタナ　（30歳）

遊撃　長岡秀樹　（21歳）

年齢的なバランスも良く、これからまだまだ成長していく選手たちがそろっている。いちばん大きいのは、クリーンナップを固定できたことだ。向こう数年間は中軸について頭を悩ませる必要はない。

いまのスワローズは、山田哲人あってのチームだと僕は思っている。バットで引っ張っていくのは当然として、忘れてならないのは守備力だ。2022年のシーズン、彼の守備はゴールデン・グラブ賞に値するものだと思っていたが、残念ながら受賞を逃した。WBCでも素晴らしい守備力を発揮していたし、これからもまだ受賞のチャンスはあるだろう。投票する記者のみなさんには、山田の安定した守備力を評価してもらえたらなと思う。

とにかく攻守にわたって山田がスワローズの宝であることに間違いはなく、まだ老け込む年齢でもない。4度目のトリプルスリー、とまではいわないが、相手バッテリーに圧をかけられる「3番山田　4番村上」というデュオの一翼を担ってくれるはずだ。もうしばらく、キャプテンとしてチームを盛り上げていってほしい。

村上宗隆について

監督として、チームに「村上宗隆」がいるというのは、本当に幸せなことだと思っている。村上が打席に立つと期待が高まる。２０２２年のシーズン、最終打席で56号本塁打を放った時は、本当にうれしかった。

あの試合は、２打席目にヒットが出たことで三冠王がほぼ確実になり、自ら試合の最後まで出られるチャンスをつくった。３打席目はなかなか思ったような打撃ができず、どうかなと思っていたが、56号は飛距離、角度ともにまさに村上の一発と呼ぶにふさわしいホームランだった。

２０２２年は村上が三冠王を獲《と》ったシーズンとして記憶されるだろうが、僕にとっては、村上という22歳の若者が人間的に大きく成長した年でもある。

打つこと、技術的なことだけでなく、「ダグアウト内での仕事」ができるようになってきたのが大きい。長岡秀樹や内山壮真という後輩に、選手として必要なことを伝えたり、負けている時にもしっかり声を出し、仲間を鼓舞したりできるようになった。

プロ野球には内向的な選手もいる。自分の仕事に集中するタイプの選手だ。ただ、村上のように打線の顔となる選手だと、そのパーソナリティがどうしてもダグアウトに影響する。

村上は年齢を重ねるにつれ、課せられている役割をしっかり意識しているように見える。そうした仕事を僕から直接求めたことはないが、青木宣親《のりちか》、山田哲人といった先輩たちが、村上にチームリーダーとして必要なものを伝えていってくれているのだろう。

振り返ると、メジャーリーグにも強いチームにはそうした「リーダー」がいた。僕がプレーしていた時期だと、ニューヨーク・ヤンキースにはデレク・ジーターがいた。ジーターがヤンキースの規範をつくっていたと思うし、そうしたリーダーがいるチームはブレない。青木、山田、村上ときて、将来的には長岡秀樹あたりにもこうした役割を担ってもらいたい。

個性を重視して、ベンチの層を厚くする

チームの勝利のためには「顔」となる選手の存在が必要不可欠だが、エース、4番打者、クローザーの3人をそろえたところで優勝できるわけではない。やはり、ベンチ入りしている全員で勝ちにいくのが本当の野球だと思っている。

僕が2020年に監督になった時と比べ、ベンチの層が厚くなっていることは自負している。

レギュラーの選手が休む時の代わりの選手、あるいは試合の終盤になって代打、代走、守

備固めで出場する選手のバリエーションが増えた。状況によって最適な選手が選べるようになってきたのである。2023年のオープン戦では、内野では赤羽由紘《あかはねよしひろ》、外野では丸山和郁《かずや》、俊足の並木秀尊《なみきひでたか》らに出番を多く与えたが、シーズン中の戦術の選択肢は確実に広がるだろう。競争の成果が出ることを期待したい。

内外野を守れるユーティリティ・プレーヤーというのは大事な存在で、スワローズでは宮本丈《たけし》がその役割を担っている。宮本の本職は二塁手だが、2021年の日本シリーズの初戦ではライトを守り、大飛球をキャッチするファインプレーを見せた。

また、宮本は代打の打席での「質」が高い。結果的にアウトになっても、何球も粘って相手バッテリーを消耗させる。キャンプの段階から練習の虫で、グラウンドに最後の最後まで残っている。

シーズン中も相手の研究を欠かさない。宮本が面白いのは、相手投手の研究をするにも、先発投手の映像を見ないことだ。自分に出番が回ってくるのは試合の終盤、右のブルペン投手と対戦することが多いので（宮本は左打ち）、相手のリリーバーの資料をジッと見つめている。彼のこうしたアプローチは、まさにプロだなと思う。

チームづくりの全般的なことでいえば、自分の役割を理解して準備を進める宮本のように、できるだけ賢い選手をそろえたい。「賢い」とは、野球という二度と同じシチュエーションがめぐってこないスポーツにおいて、すぐに正解にたどり着ける選手のことを意味する。

この能力は、天性のものというより、どれだけ野球のことを考え、練習してきたかによって得られるものだと思う。たとえば、高校で鍛えられている選手は、投内連係の練習でもすぐに反応できる。星稜出身の奥川恭伸、龍谷大平安出身の高橋奎二――彼らのプレーぶりを見ていると、高校時代にあらゆるシチュエーションを想定して練習していたんだな、ということが伝わってくる。打撃についていえば、状況によって配球の読みができる選手は、結果を出せる可能性が高い。

こうした賢い選手たちがダグアウトに26人いれば強いはずだ。

しかし、話をひっくり返すようで申し訳ないが、そうとも言い切れないのが野球の面白いところでもある。中には、吹っ切れた人材がいてもいい。

たとえば、1980年代から90年代にかけて近鉄バファローズで活躍したラルフ・ブライアントは、来日して打率3割をマークしたのは初年度の1988年だけ。あとは2割台（最終年は・194）だった。四球の数も、いまの時代とは状況が違っているが、村上のように100個も取るわけではなかった。

たとえば、一死一塁の場面を迎えたら、普通、ダグアウトは「ライト前に打ってほしいな」と考えるだろうが、バファローズ・ベンチはそんな期待はしていなかっただろう。とにかくぶんぶん振り回していく。

賢い選手がいれば監督としてはありがたいが、ブライアントのように状況なんかお構いなしにどんどん振っていく選手がいた方が、見ている側は面白いだろう。こういう思い切りのいい選手を何人許容できるかという話になるのかもしれないが、ファンをワクワクさせるようなスイングを見せる選手も大切にしたい。

言い換えると、個性豊かな選手たちをそろえ、彼らがひとつの方向を向くようにするのがマネージメントの手腕だと思う。

監督とは、こういうことをつらつら考える仕事だ。シーズンに入ると眠れなくなるのも当たり前だろう。中には実現したプランもあるし、夢のままで終わってしまったプランもある。うまくいかなかったことも含めて、野球のことを考えるのは面白い。つくづく幸せな仕事だと思う。

第2章　書く、話す、気づきを与える

手書きのメモ

第1章ではスワローズを強くするための青写真について書いた。

この理想図を、経営、編成陣と共有し、現場を預かるコーチ陣とは具現化のためのアイデアを練り、練習に落とし込んでいく。選手たちにも折に触れて話をする。

僕は直接メッセージを伝える機会を大切にしている。第1章で書いたように、2023年のキャンプイン直前にも、選手たちに向けてスピーチを行い、4つの大切な要素を伝えた。

毎回、スピーチの内容を練るのにかなりの時間をかける。選手たちになにを話すべきか。お正月を迎えてから、ずっとそのことに考えをめぐらせていた。

話す内容は手書きでメモにまとめる。話したいこと、思いついたことをどんどん書いていく。

組織としてのスワローズにとって重要な会議が年に3つある。まず毎年1月に行われる全体会議。球団社長をはじめ、経営陣、現場を預かる指導陣全員が参加する。次に、前述のキャンプイン直前に行う選手対象のミーティング。そして、キャンプが一段落した3月に行われる育成会議である。いずれも球団の方向性を示す重要な会議だ。これらの会議を前にして、メモの束は増えていく。

僕は過去のすべてのメモを保管している。２０２３年も「就任1年目の3年前はどんなこと話したかな?」と思い、読み返してみた。「監督、昔と言ってること違うな」と思われるのがいちばん良くないし、整合性は重要である。ただし、整合性にとらわれるあまり、辻褄《つじつま》を合わせるようになってはいけないとも思う。間違っていたら間違っていたと認める柔軟性を持っていたい。

このメモは、そのまま僕の監督の歴史につながっている。

２０２０年、初めて一軍監督になった時に考えたこと、それがどう変化していったのか。２０２１年、日本一になってから、チームをさらにどう強くしていくか――そうしたアイデアが記されている。

監督になった当初のメモは殴り書きのようなものだった。思いついたことをどんどん書き込んでいったためで、話があちこちに飛んでもいる。最近はタブレットやＰＣにアイデアを打ち込んでいく人の方が多いと思うが、僕は手書きにこだわっている。紙なら、ちょっとした隙間時間に書きつけておくことができるからだ。

それと「痕跡」が大切だ。手書きであれば、思考の過程が見える。赤線を引いたり、○をつけたりして、ここを強調したかったんだな、と後から分かる。横線を引っ張って消した箇所でも、数年後にメモを見返した時に、「ああ、こういうやり方もあるな」と、アイデアが生き返ることもある。

話す前に整理する

監督1年目の時は、絶対に伝えたいことだけをまとめた小さなメモを見ながら話すというスタイルだった。

しかし、このスタイルでは全体の焦点が甘くなることに気づいた。流れをつくっていないのでポイントだけが強調されるきらいがあるのだ。全体のメッセージをしっかりと打ち出したいと思い、2年目以降、「構成」を意識するようになった。

メモにアイデアを書きつけるだけではなく、「ここここをつなげれば、よりメッセージが伝わりやすくなるな」と考えたり、強調すべき部分をどこに置くか思いをめぐらせたりするようになった。こうした作業を繰り返していると、「もっと深いところに別の意味が潜んでいるんじゃないか」という気づきが生まれたり、論理的な整合性が取れているかも明確になったりする。作業自体も面白くなってくる。

ただし、この過程で様々な発見があることで不安要素も増えてくる。「ここに穴がある……」ということに気づくからだ。1月のキャンプイン前だと解決に動くこともできず、不安だけが大きくなる。

野球人にとっては、座ったまま考えること自体が、思考をネガティブな方向に導いてしまうのかもしれない。ユニフォームを着ていないので体を動かすこともできず、あれこれ考えすぎてしまう。これは僕の性格も影響していると思う。プランを練る時は、あらゆる可能性を排除しないので、楽しみなことをたくさん思いつく半面、心配な事柄も多々出てくるのだ（こうした発想は采配にも影響を及ぼしている。試合中のマネージメントについては、悲観的に準備することにしている。第10章に詳しく書く）。

２０２３年の開幕前は、２シーズンにわたってクローザーを務めてきたスコット・マクガフの穴をどうやって埋めるか、という大きな課題について考えざるを得なかった。

誰にスコットの代わりが務まるだろうか？　やっぱり経験のあるベテランがいいのか？　それとも経験は少ないが、度胸と球威のある若手がいいのか？

もやもやした気持ちがようやく前向きな力になるのは、1月下旬にキャンプ地に入ってからだ。那覇空港に到着して歓迎を受け、ユニフォームを着てコーチ陣と顔を合わせると、いよいよ仕事の始まりだ。

話す順番を考える

前述のように、２０２３年の選手たちへのメッセージは最終的に４つに絞り込み、シンプルな言葉に落とし込めたと思う。

最近、僕が意識しているのは「話す順番」だ。

メモを書くと、「絶対に伝えないといけない」ことが見えてくるが、それを思いついたまま話しても伝わる力が弱くなる。いちばん大切なことが後回しになる可能性があるからだ。いまにして思えば、監督1年目のシーズンは、そんな状態だったかもしれない。そのことに気づいてから、話す項目をどういう順番で並べ、どんな言葉で伝えるのか最後の最後まで粘って考えるようになった。

２０２３年の４項目については、最初に「細かいプレーの徹底」を挙げてもおかしくはない。日本シリーズで悔しい思いをしたのは、そこに敗因があったのだから。しかし、僕はその要素を最初に持ってくるよりも、「絶対、楽しむ」ということを強調したかった。

プロ野球のシーズンは長い。２０２２年は前半戦は好調だったが、「好事魔多し」というべきか、7月になって僕をはじめ、何人もの選手たちが新型コロナウイルス陽性となり、戦列を離れた。長いシーズン、なにが起きても不思議ではないのである。だからこそ、選手たちにはどんなことが起きても動じない覚悟を持ってほしいが、根っこの部分では楽しむ気持ちを忘れないでほしい。まずは、それを伝えたかった。

それを受けて、細かいミスをなくして確実にアウトを取っていくことを意識していこうと伝えた。これは2023年の大きなテーマである。根本精神として野球を楽しみながらも細かい部分にこだわり、プレーの精度を高める。それができて初めて競争が可能になり、チーム全体の力につながっていく。

さらに、楽しむにも、うまくなるにも、競争するにも健康でいなければならないので、ケガはしないでほしいと最後に伝えた。

僕なりに、それぞれのテーマの強弱、聞きやすさを考えて決めた順番である。第1章と同じ内容を再び掲載する。

①去年の悔しさを晴らすのは今年しかない。それでも、絶対に野球を楽しんでほしい

②サインプレーなど、細かいことを疎かにしない

③競争すること

④してはいけないのは、ケガをすること

この4つのメッセージは、リーダーによって話す順番が変わるかもしれない。2022年の日本シリーズの負けが悔しすぎて、プレーの精度を高めることに頭がいっていたら、2つ目を最初に話したかもしれない。あるいは、前のシーズンにケガ人が続出していたら、4つ目を真っ先に話した可能性もある。

状況によって、話す順番は変わってもいいだろう。

話す順番によってメッセージの伝わり方は異なる。だからこそ、ブラッシュアップに時間をかけるべきだと思う。

チームスローガン「さあ、行こうか!」

スワローズは、言葉を大切にする球団だ。ここまで書いてきたことは、選手がキャンプで汗を流し、シーズンを戦ううえでの「心構え」だが、ファンのみなさんと共有するスローガンについて書いてみたい。スワローズは毎年1月に、そのシーズンのチームスローガンを発表している。

2022年は「熱燕《ねつえん》─NEXT STAGE─」で、日本一奪回を目指す2023年は「さあ、行こうか!」に決まった。

スローガンを決めるにあたり、まず球団サイドからいくつか候補が挙がってくる。それに加え、僕の方からもいくつか候補を出した。全部の候補の中から僕が3つほど選び、最終的に「さあ、行こうか!」に決めた。

シンプルな言葉だが、いろいろな意味が詰まっていて、なかなかいいなと思っている。

まず、2022年に日本シリーズで負けた悔しさを晴らすのは、2024年でも、2025年でもなく、今年しかない。だから、今年こそ「さあ、行こうか!」という気持ちを込めている。

そして、僕が1月31日に選手たちに話した「楽しんでほしい」というメッセージにも通底している。

さらにプロ・アマ、年齢を問わず、野球で常に使う言葉でもある。練習中、試合中、みんなで声出しをする時の定番フレーズだ。

スローガンはシンプルかつ伝わりやすく、ふだん使っているけれど重層的に意味が膨らんでいく言葉がいいと思う。

もちろん、候補にはもっとシリアスな言葉もあった。悔しさを晴らすという部分を強調するなら、そうした言葉の方が伝わりやすかったかもしれない。ただ、悔しさを晴らすことがプレッシャーにつながっては元も子もない。プレーが保守的になり、活気が失われてしまう。

言葉には浸透する力が必要だ。

手前味噌で恐縮だが、2021年9月、ペナントレースで正念場を迎えていた時、僕は甲子園球場の室内練習場で「絶対大丈夫だから」と選手たちに声をかけた。それは根拠のない言葉ではなく、シーズンを通して培ってきた土台と自信があってこそ生まれた言葉だった。

それ以来、選手たちも、ファンのみなさんも頻繁に使ってくれるようになった。

「さあ、行こうか!」もそんな力を宿してくれるのではないかと期待している。

ファンの方々が、神宮球場で勝利を見届けた後に、仲間とともに「さあ、行こうか!」と飲みに行くのでもいいじゃないか!

「再生工場」の言葉

本章では、チームの進むべき針路を示す言葉——どちらかといえばマクロ的な視点のメッセージについて書いてきた。

監督の仕事には、それとは別にミクロな言葉――一対一の場面で用い、選手の成長を促す言葉も必要になってくる。

そこで気になったのは、野村克也監督は、どんな言葉を使って選手を「再生させていたのだろう？」ということだ。

野村監督時代の１９９０年代を振り返ってみると、打者では97年にカープから移籍してきた小早川毅彦《たけひこ》さんがそのシーズンに12本塁打を放って復活した。小早川さんが２ケタ本塁打を打ったのは４年ぶりのことだった。

投手で驚いたのは、僕と同学年の田畑一也の〝再生〟だった。田畑は96年にホークスから移籍してきて、先発としていきなり12勝を挙げ、翌年には15勝をマークした。無名の投手がいきなりエース級の活躍をしたのだから、誰もが驚いた。

田畑の経歴は変わっていた。

富山の高岡第一高校を出てから地元の北陸銀行で野球を続けていたが、肩を痛めて野球を断念。実家が大工さんだったので、田畑自身も大工修業を始めていたらしい。それでも野球に未練があり、ホークスの入団テストに応募したところ、球筋に魅力があったらしく、91年のドラフト10位でホークスに指名された。しかしプロ入り後は3年間でわずか2勝しか挙げられず、スワローズに移籍してきた。それが、いきなりオールスターに選ばれるまでになったのだから、これは奇跡的なことだ。くすぶっていた投手が、チームを移ってこれほど劇的に変化した例を他に知らない。

当時は、いまと違って映像や情報がそれほど発達していたわけではない。ましてやわれわれはパ・リーグの選手のことはほとんど知らなかった。いまほどテレビの中継もなかったし、情報も上がってこない時代の話だ。

これは僕の想像だが、編成がトレードを考えていたにせよ、野村監督の「イエス」という言葉がなければ、成立していなかったと思う。野村監督は、田畑の実力を知っていたのか？どこかで田畑のピッチングを見ていたのだろうか？　と思ってしまう。実力がなければ2年連続で2ケタ勝利を挙げることは不可能である。野村監督は田畑の特徴をつかみ、それを引き出すような言葉をかけたのかもしれない。

もうひとつの例は、95年の開幕直前に、これまた僕と同学年の西村龍次と、バファローズの吉井理人《まさと》さんのトレードである。西村はスワローズのローテーションの一角を担っていたので、かなり大きなトレードが行われたという印象だった。

結果的に、吉井さんはスワローズに来て成功する。95年からの3年間で10勝、10勝、13勝と、3年連続で2ケタ勝利を収めた。ピッチングの細部にこだわるアプローチは尊敬できたし、体も丈夫だった。ローテーションを守り、安定した成績を残して優勝に大きく貢献し、98年からニューヨーク・メッツに移籍した。

トレードが行われた時は、西村の方が3歳若かったので、中長期的に見てどうなのか、という意見もマスコミ報道ではあったようだが、結果的にスワローズは実を取ったことになる。野村監督は、吉井さんについても新天地で活躍できると踏んでいたのかもしれない。

田畑も吉井さんも、もともと実力のある選手だったのだろう。それがスワローズ移籍後に、野村監督やコーチ陣の「言葉」によるきっかけで再生したのではないか。僕はそう考えるようになった。だとしたら、僕も野村監督を見習わなければならない。

「気づかせ屋」

野村監督は具体的にどんなアプローチを採っていたのだろうか。

あるインタビュー記事に出ていたのが、「野村監督は気づかせ屋」という言葉だった。たしかにそういう面はあったかもしれない。

監督やコーチは、直接的に技術を指導することに加え、独特な視点から「気づき」を与えることもひじょうに大切だ。

たとえば野村監督は、投手陣に直接技術的なことを教えるわけではなかったが、僕に「シンカーを投げられんか?」とアイデアをくれた。監督の頭の中でアイデアが発酵し、あるタイミングで選手に伝える――それが監督の仕事であり、そこには野村監督独自の視点もあった。

この「視点」が貴重だ。

「こうやって攻めていくと、バッターは嫌なものなんだよ」

「こういう配球をしていけば、相手は球を絞りにくくなるだろう」

知らないことへの気づき。野村監督の経験から導き出される視点は本当に勉強になった。いまでも記憶しているシーンがある。バッティングケージの後ろで打撃練習を見ていた野村監督は、不調だった僕を呼んでこう話してくれた。

「高津、見てみろ。野球は、丸いボールが来て、それを丸いバットで打つわけだ。丸いものと丸いものとの接点はごく小さいから、それが45度とか、いい角度で上がっていくなんてことは、そうそうないものなんだよ」

僕が調子を落としている時だったから、そんな話をしてくれたのだろう。打つことは、そんなに簡単ではないと説き、僕に自信を持たせようとしてくれた。

監督は続ける。

「ほとんどの場合、ピッチャーが抑える。７割も抑えられるんだよ。よく打たれても３割。確率がこれだけ低いんだから、自信を持って投げればいいいんじゃないの」

野村監督の話は、技術論というよりも野球の考え方だった。考え方を伝授してもらうことで選手は気づきを得られ、結果につながっていく。

野村ＩＤ野球は、気づきを得た選手がどんどんチャンスをもらえる環境だった。

悔やまれるのは、「再生」や「気づき」について野村監督にじっくり話を聞く時間がなかったことだ。監督になったいま、いろいろと推測はできるのだが……。

そして野村監督は成功に飢えている選手が好きだった。自分が南海ホークスのテスト生から這《は》い上がり、三冠王を獲るまでになったことも影響しているかもしれない。

現状に満足しているヤツはダメだ。自己限定しているヤツは成長しない。自己限定をしている選手よりも、上昇志向の強い選手を使った方が面白いと常々話していた。ハングリー精神を持った選手の心のボタンをうまく押していたに違いない。

かくいう自分も「シンカーを投げられんか?」と言われ、それさえマスターすれば一軍に定着できると信じ、死に物狂いでシンカーを覚えたのだから。

指導者の言葉で、選手の一生は変わる。

第3章 同じ方向を向くために必要なこと

優勝旅行

2021年に日本一になったが、少しだけ残念だったのは、コロナ禍のために優勝旅行ができなかったことだ。

2022年はリーグ優勝のお祝いでハワイに行けたのだが、5泊の旅は本当に楽しかった。リラックスして、みんなでワイワイ騒いだり、ゴルフに行ったり……。一度経験すると、「またみんなで来たいな」と心底思う。それを原動力にまた頑張ろうとなる。現役時代から変わらない気持ちだ。

プロ野球の監督という仕事は、とてもストレスフルだ。シーズン中は寝つきも良くない。世の中にプレッシャーがかからない仕事はないと思うが、プロ野球の監督はその中でも上位に位置するのではないか。

それでも僕は、スワローズの監督を務めていてすごく幸せだ。ハワイ旅行でそれを実感した。家族には申し訳ないが、家族よりも長い時間を仲間と一緒に野球をしながら過ごす幸せ。大好きな野球を仕事にして、日々それについて勉強できる。こんな幸せがあるだろうか。

それでも本音をいえば、プレーしている選手がいちばん楽しいと思う。僕の経験に照らし合わせてみても、マウンドに上がっての真剣勝負は本当に楽しい。試合を締めくくろうとする場面で、相手の強打者を打席に迎え、キャッチャーの古田さんの指を見ながら、「もうちょっと、もうちょっとだけ外に低く」と考えながら投げるのは最高だ。

メジャーリーグで、初めて登板した時の相手はニューヨーク・ヤンキースだった。いきなり松井秀喜選手と対戦することになり驚いた。デレク・ジーター、アレックス・ロドリゲス、当時全盛期を誇っていたボストン・レッドソックスのマニー・ラミレス、デビッド・オルティーズといったメジャーを代表する打者との対戦は、昨日のことのように思い出される。いま名前を挙げた4人から三振を奪ったのは、僕の密かな誇りである。とにかくワクワクした。

いま、ドキドキ感、ワクワク感を味わっている現役の選手たちが本当に羨ましい。プロの世界で「打たれても面白い」という表現は語弊があるかもしれないが、結果に至るプロセスこそが、野球人にとって最高の喜びである。

面白さの質の変容

指導者になると、野球の面白さの質が変わってくる。ダグアウトから戦況を見つめていると、「なんとかスリーアウトを取ってくれ」「ここでタイムリーを一本」と祈るしかない。

監督、コーチにとっての野球の面白さとは、選手を高みへと導くことであり、そのために野球の勉強を続けることである。

これまでの書籍にも書いてきたが、僕は基本的に投手のことしか分からない。それ以外のプレー、打撃のこと、守備のことなどについては、監督となったいまも、コーチからたくさんのことを教えてもらい、発見ばかりの日々だ。この面白さは、延々と続きそうである。

野球の勉強にはいろいろな方法がある。ユニフォームを着ていなくてもよい。たとえば野球解説者。僕も現場から離れて解説者として野球を観察した時期があった。NPBではスワローズしか知らない僕にとって、他球団の野球を外からでも見られたのは新鮮だった。

勉強の先には、スワローズを強くしていくという目的がある。勉強し続け、監督として成長していかなければ、スワローズを常勝軍団にすることはできない。

もうひとつ、野球の勉強とは別に、組織を動かすためのマネージメントについて知識を増やすことも必要だ。

野村監督はよく企業向けの講演を行っていたが、プロ野球の監督業は集団を率いて毎日のように結果を出すことが求められる仕事だからこそ、そうした需要があったのだろう。

人をどう動かすか。集団をどうまとめるか。そしてそれをどうやって勝ちに結びつけるのか。いろいろな要素が絡んでくる中で、様々な課題に対処していかなければならないプロ野球の監督の話は、ビジネスの世界でも参考になる部分があるに違いない。

同じ方向を向くということ

僕が一軍監督の4年目を迎えて感じていることは、「みんなが同じ方向を向くこと」の大切さだ。

言葉にすると簡単だが、大勢の人が関わっている仕事場だけに、全員が同じ方向を向くのは本当に難しい。

選手としての僕は、様々な球団の現場、監督のマネージメントスタイルに触れてきた。スワローズを振り出しに、アメリカではシカゴ・ホワイトソックスにニューヨーク・メッツ、韓国ではヒーローズ、台湾では興農で投げた。日本に戻ってきてからはBCリーグの新潟アルビレックスで監督兼投手としてプレーした。

それぞれのチームに、それぞれのカルチャーがある。同じものはひとつとしてない。アメリカはバックグラウンドが多様で、クラブハウスでは英語やスペイン語が飛び交っていた。スプリングトレーニングでは、マイナーリーガーのハングリー精神にも触れた。競争は激しいが、いざという時の結束力は固い。いまだにトレーニング初日に行われたゼネラル・マネージャーのスピーチは忘れられない。熱い言葉が続いた後で、「なにかあったら俺の携帯に電話をくれ」と言われて、本当にその場で番号を教えてくれた。アメリカのリーダーの力強さを感じた瞬間だった。

いろいろなチームでユニフォームを着たが、万国共通なのは、良い組織でなければ勝てないということだ。そして、良い組織に必要不可欠な条件とは、組織としてひとつの方向を向いていることだと僕は思う。

球団組織の規模は大きい。オーナーを筆頭に編成スタッフが強いチームづくりのためのプランを練る。チケットを売るスタッフ、お客さんに喜んでもらうため、プロモーションを考える担当者もいる。現場を預かる監督、コーチがいて、選手がいる。トレーナーをはじめスコアラーなど、勝つためにいろいろな人たちが働いている。

試合に出る選手たちも70人ほどの大所帯で、ベテランから若手、外国人選手はアメリカやベネズエラをはじめ、いろいろな国からやってくる。

思いは人それぞれだ。しかし、みんながひとつの方向を向き、結びつきが強くなってこそチームが活性化する。

僕が理想とするのは、様々な文化、考え方を尊重しつつ、みんなが同じ目標を共有できるチームだ。

良い組織になるために必要なこと

みんなが同じ方向を向く。言うは易《やす》く行うは難し。

みんな、勝ちたいと思っているのは間違いない。しかし、多くの人が関われば関わるほど、個々人が勝つために必要だと思う要素は多様になる。

だからこそ、みんなが同じ方向を向くための言葉が必要になる。長ったらしくなく、シンプルな言葉がいい。

２０１９年のラグビーワールドカップの時は「ＯＮＥ ＴＥＡＭ」という言葉が流行語にもなり、いろいろな組織でスローガンのように使われたと記憶している。しかし、ひとつのチームになるって、簡単なことじゃないだろうな、と思う。誰かが音頭を取って、「みんなで同じ方向を向き、チーム一丸となって頑張ろう」と言うのは簡単だ。しかし現実には、違う方向を向いている人もいれば、自分のことにフォーカスしてしまう人もいる。

「チーム一丸となって」――誰もが念仏のように唱えるが、その方法について言及されることは少ない。その方法をずっと考えてきて、僕がたどり着いたのは次の言葉だ。

「相手のことを思いやり、相手のことを知る」

組織の目標達成のために、個人が仕事をする。僕は監督としてチームを指揮する。とはいえ、監督はすべてを自分の思い通りにしていいわけではない。自分の考えを押しつけてばかりでは、周りの人たちの仕事に対するモチベーションは上がらないだろう。

そこで重要になるのは、一緒に仕事をする人たちが、組織のためにどうしたいと思っているのかを想像することだ。

決して自分がやりたいことを抑えるわけではない。自らの仕事に対する思いを持つと同時に、相手が仕事に対して持つ思いを想像すれば、より良いプランが生まれ、より良い行動につながるのではないだろうか。

「常に相手のことを考える個々の集団」こそが、真の意味で同じ方向を向けるのではないか――。僕はそう思う。

プロ野球選手には、エゴがある。技術を向上させたいという健全なエゴだ。ただ、自分が置かれている環境を理解したうえでのエゴでなければならない。チームがAという方向を目指していたとする。では、自分はどうしたらAという方向で力が発揮できるのか。それを考えられる選手であってほしい。

個人が考え、自らの役割を見出した時に、初めてチームは一丸になれる。それは選手に限らず、監督、コーチ、さらには球団社長から編成担当、育成担当、トレーナー、スタッフなどすべてにいえることだ。互いに相手がどう思っているのかを理解し、その思いを汲みながらチームづくりを進める。

そうすれば、皆が同じ方向を向いた強い組織になるはずだ。

組織としての連動性

この数年、組織の連動性が高まってきたことが、スワローズの強さを生んでいると僕は感じている。連動性とは、相手の立場や実現したいことを想像しながら、自分の仕事に生かすことである。スワローズでいえば、特にスカウトと育成現場の連動がうまくいっているように思う。

以前にも書いたが、僕がスワローズに入団した1991年の時点では、スカウトはあくまで選手の能力を見て、ドラフトで誰を指名するのかを決めるのが仕事だった。入団してからの育成は、現場のコーチたちが担当する。コーチたちは新人の僕らのことをマスコミの情報以上に知らなかった。なんのことはない、スカウトと情報が共有されていなかったのだ。キャンプが始まってから、「さてさて、どんな選手が入ってきたのかな」という状態だった。これでは組織として無駄が多すぎる。そこで、ドラフトで指名した後からの育成の流れが変わった。

情報の共有化

10月にドラフトが行われ、選手との契約がまとまった後、スカウトと育成担当者が新入団選手に対して準備段階の指南を行う。「キャンプインは2月1日からだけど、合同自主トレが1月9日に始まるから、それまでにこれくらいの強度の練習はこなしてきてください」といったことを伝えておく。企業でいえば、研修に入る前の導入のようなものだろうか。

もちろん、合同自主トレに合流していきなりびっくりされても困るので、合同自主トレでは、これくらいの練習をやりますよ、と話しておき、11〜12月の段階から心と体の準備を進めてもらう。

そして年明け、練習に合流してからは先輩たちとコミュニケーションを図り、仕事場に慣れてもらい、体をつくりながら2月1日からのキャンプに備えてもらう。

最近感じるのは、高卒、大卒、社会人に限らず、新人たちのレベルが高いことだ。まず「練習嫌い」という選手はいない。これも時代の変化の表れだろう。アマチュアの段階で「やらされる練習」が少なくなり、うまくなるためには自分から動かなければいけないという自主性が強くなっているからではないか。新人たちの姿を見ていると、日本の野球が確実に変化していることを感じる。

このシステムは、限られた情報しかないまま入団していた僕らの世代からすると、とても羨ましい。１９９０年代にも合同自主トレはあったが、正直なところ、練習内容について疑問に思うこともあった。キャンプが始まってからも、いつの間にか練習試合が始まり、オープン戦が進んでいくという感じで、流れについていくのが精いっぱいだった。全体像を知らないから、初めてのことばかりが続く印象で、疲れてしまうのだ。技術を磨くというよりも、プロの生活に慣れる方がたいへんだった。

いまだから書けるが、スワローズのキャンプで驚いたのは、あまりにも練習が楽だったことだ。「えっ、これで終わりなの？」ということが連日続いた。なぜなら、僕がいた亜細亜大学の練習は、本当にきつかったからだ。「亜細亜の練習を耐えられればプロでも大丈夫」と言われていたのだが、本当にその通りだった。本音をいえば、時間が経過するのを、ただただ待つだけ。これも、プロの情報が少なかったから感じたことである。

正しい情報は、正しい準備につながる

われわれは、新人にできる限り情報を伝えるようにしている。こう書くと、「いまの新人は贅沢だ。甘やかされてるんじゃないか?」と感じる人もいるかもしれないが、絶対にそんなことはない。もし、そう感じるなら、古い考えにとらわれていると思う。

野球に限らず、高校から大学、大学から社会人、あるいはプロになる時には、適応しなければならない新しいことが必ず出てくる。アジャストするために、不必要な苦労をすることはない。スムースに生活へ順応した方が仕事のパフォーマンスが上がるに決まっている。ましてや、選手は球団にとっての財産である。財産は慎重に扱わなければならない。その意味で、以前より、選手の育成についての「レール」がしっかりと敷設されていることに、僕はスワローズの一員として誇りを持っている。

選手に対して情報を与えるばかりではない。球団内での情報共有もいい形で進んでいる。スカウト側からは、育成担当、コーチたちに新人の情報が細かく上がってくる。たとえば、投手だったら高校時代は1週間にこれくらいの投げ込みを行っていて、高校3年の夏にはこ

れだけの球を投げている、といったデータである。当然、ケガの履歴のレポートも入っている。

われわれは合同自主トレの時点からそうした情報をもとに選手を観察し、育成計画を立てていく。以前は高卒のドラフト1位ルーキーであっても、1年目から一軍での登板を期待する雰囲気があったが（主にメディアのみなさんの思いである。話題性があるから）、いまはポテンシャルの高い新人ほど、じっくりと育成に時間をかける方向になってきた。いい傾向だと思っている。

２０２０年に入団した奥川恭伸も、1年目シーズンの一軍での登板は神宮最終戦だけだった。これについてはいろいろな意見を頂戴したが、高校時代の情報をもとにして、じっくり育てる方針は間違っていなかったと僕は思う。

新人の能力を見極める

新人をどうやって育てていくかは、球団の未来をどうつくっていくか、ということにつながる。

誰をどこのポジションで、どう使うか。現場だけでなく、編成、ゼネラル・マネージャーと一緒になって考えていく。つまり、ブループリントの作成だ。

ここで意見を交わし、その選手のポジション、役割を決めていくが、この計画は毎年、見直していく。たとえば、2022年にリリーフとして成功した木澤尚文は、2021年に入団した時は先発として育成していく方針を固めていた。チームとして先発の駒不足に悩んでいた時期だから、慶應卒のドラフト1位ルーキーには、先発ローテーション入りが期待されていた。キャンプからチャンスを与えつつ、シーズンが始まってからは二軍でイニング数を与えて成長の度合いを見極めていった。正直なところ、1年目は先発として結果を残せなかったが、2年目に入ってからブルペンに配置転換すると、見事にハマった。

このように、チーム事情を考慮しつつ、どうやったら選手たちの能力をいちばん発揮できるのかということを考えながら、育成計画を立てていく。

この能力の「見極め」がコーチの仕事の要だ。こんな仕事を任せたら、一軍のレギュラーになれるんじゃないか。そうだとしたら、どんな練習を課して、どれくらいチャンスを与えるべきか。そのビジョンを球団、編成、コーチたちが共有して仕事にあたっていく。球団として選手をバックアップする形をつくるのだ。

選手のことを思いながら、みんなで同じ方向を向く。これが大切だ。チーム全体のことに限らず、一人ひとりの選手の育成についても方向性があり、それを全員で共有する。そうすることで、選手の成長速度を加速させられるかもしれない。

こうした育成計画は手間がかかる。個別に練習メニューを考えなければいけないからだ。コーチの仕事が増えるのは間違いないが、それがこの仕事の醍醐味でもある。

意見をぶつけ合い、理解すること

ひとりの選手の育成プランを考えるにあたっては、いろいろな角度からアイデアが出た方が、プランの精度が高まる。名前は出せないが、ある投手について打者に転向させるプランを考えたこともある。スワローズには高井雄平という前例があり、選手、そして球団ともにプラスになるかもしれないと考えたのだ。結局、実現はしなかったが。

僕は、アイデアを自由に話し合える環境が欲しい。そこで意見を戦わせたい。自分の意見ばかり押し通していると、スタッフから活気が失われてしまうし、いちばん迷惑をこうむるのは選手なのである。

いま、僕が気をつけているのは、自分の思いとは違ったアイデアが出てきた時に、「あれ?」と思うのではなく、「どうして、この人はこういうことを思いつくんだろう?」と理解しようと努めることだ。そうした柔軟な姿勢が、みんなが同じ方向を向く第一歩だと思うからだ。「なぜ?」と考えていくと、相手を理解する道筋が必ず見えてくる。話し合った結果、着地点が見つかり、ようやく同じ方向を向くことができる。

組織が一つの方向を向くために必要なのは、相手のことを慮《おもんぱか》る想像力であり、全員がイマジネーションを広げることではないか。それが理想の職場を実現するための、マネージメントの第一歩だと思う。

第4章 人間関係に時間をかける

手間を惜しまない

第3章で書いたように、僕は、スワローズのメンバー、スタッフが「同じ方向を向く」ことを大切にしていきたい。その根っこにあるのは、みんなで優勝の喜びを分かち合いたいという思いだ。

そのためには労力が必要だ。「**相手のことを思いやり、相手のことを知る**」には手間がかかる。それでも、人間関係構築のための時間を惜しんではいけないと思う。

プロ野球のチームは関わる人数が多いので、すべての関係性を把握するのは不可能だが、大きな問題が起こった時に速《すみ》やかに解決に向けて動けるよう、日ごろからしっかり情報を仕入れておかなければならない。

野球の監督のことを英語では「マネージャー」というが、まさに全体を統括する仕事なのである。

「監督の仕事って、先発投手と打順を決めて、後は選手交代を判断するだけですか?」と言われると、ずっこけてしまう。試合のことだけでなく、たとえばコロナ禍では、ワクチンの接種日程なども判断事項に入ってきた。あらゆる判断を下さなければいけないので、それだけ情報を持っている必要がある。そして重要な情報は、必ず人からもたらされるのだ。

たとえば、一軍、二軍合わせて10人以上のトレーナーさんがいる。間違いなく、それぞれ仕事への思いがあり、「この選手には、この治療をしたらいいんじゃないだろうか」と考えているはずだ。しかし、キャリアや年齢の差などがあり、言いたいことを躊躇《ちゅうちょ》することもあるだろう。僕は、選手のリハビリ計画についてディスカッションをする場合、年齢に関係なく意見を言える土壌を予《あらかじ》めつくっておきたい。ふだんから必要なコミュニケーションを取っておかないと、相手の考えていることが分からず、実のある議論ができない。また、問題が起きた時にも素早く対処できない。

遠慮は要らない

マネージメントをする立場の人間として、チームにもっとも不必要なのが「遠慮」だ。これこそ、チームの活性化を損ねるものだ。

日本では、思ったことをそのまま口にするのは、あまり好まれない風潮がある。遠慮だけではなく、一歩進めて忖度《そんたく》できる人間が重宝されることも多い。しかし、スポーツは白黒が短時間でハッキリするので、遠慮している暇はない。解決した方がいいと思っているのに黙っていたら、得られるはずの勝利が敗北に変わってしまう。

僕は選手たちにも遠慮してほしくはない。一例を挙げるなら、2021年にジャイアンツから移籍してきた田口麗斗は、自身の経験をもとによく意見を出してくれる。こういうところは直しましょうよと、ハッキリと言ってくれる。遠征時の選手たちの食事の改善を提案してくれたこともあった。試合後の回復のために必要な事柄であり、こうした意見はスタッフで大いに検討する価値がある。

田口は試合後の勝利のパフォーマンスや、SNSでの発信など、ファンとのつながりを大切にしてくれている。後輩の面倒もよく見ているし、技術指導もしてくれている。田口がスワローズに深くコミットし、より良い組織にしたいという強い思いを持ち、遠慮せずに意見を言ってくれるのはありがたかった。

僕がもっとも意見を交わすのは、コーチたちである。試合が始まる前のミーティング、試合が終わってからの反省会など、コーチ陣と話し合う時間は多い。

コーチたちこそ、チームを動かす存在である。車でいえばシャシーであり、駆動系を担当する。僕は、監督という存在は組織のすべてを知る必要はないと思っている。それは信頼できるコーチングスタッフが僕の考えを理解し、細部にまで気配りをしてくれているからだ。

つまり、コーチたちに運営を任せる一方、チーム全体を俯瞰し、マネージメントするのが監督の仕事なのである。

だからこそ、コーチたちは、僕に対して遠慮は無用である。日本人は長幼の序を重んじるところがあり、年齢が下だと意見を出しづらいが、遠慮せずに、思ったことをどんどんぶつけてもらわないと監督として困る。とはいえ、「遠慮しないで」と口で言うのは簡単だが、それだけでは意見を引き出せない。

では、どうしたらいいのか？

質問することだ。

質問することの効果

僕は投手出身なので、投球まわりのことであればだいたいのことは理解できるが、それでも先発のことまで理解しているとは言い難い。とにかく野球は深いスポーツなので、知らないことがたくさんある。打撃、守備、走塁、そして試合中の作戦。監督であっても知らないことが次から次へと湧いてきて、「どうしてこうなるの？」とか、「なんでこの練習をやっているの？」と疑問が湧いてくる。

僕は二軍監督時代から、そうした疑問をコーチたちにどんどんぶつけていった。知らないことを知らないというのは、まったく恥ずかしくない。それこそ遠慮なく訊《き》く。監督が訊けば、専門職であるコーチたちは理由を説明してくれる。「なるほど」と思うことばかりだ。

そうしたやり取りを繰り返しているうちに、監督とコーチたちの関係性が変わり始めた。彼らからどんどん意見が出てくるようになったのだ。

これは質問の効果だと気づいた。「遠慮なく意見を言ってください」と言うよりも、こちらから遠慮なく質問していった方がより効果的なのだ。

監督とコーチが話す機会が増えれば、情報の流れがスムースになり、問題が起きてもすぐに対処できるようになる。

また、僕が質問をすることで、「監督はこんなことを考えているのか」「こういうところに疑問を持つのか」ということを、コーチたちが把握してくれるようになった。僕がどんなことを考えているのかを感じてくれるだけでもプラスである。

コミュニケーションが深まってくると、コーチたちが先回りして、僕がやりたいような練習を組み込んでいることもある。考え方が同期するというのだろうか。こうなると、みんなが同じ方向を向いて仕事をしている実感が湧いてくる（これが進みすぎると「忖度」になるのではないか。僕も注意しなければならない）。

ここまで来れば、お互い遠慮なく話し合うことができる。そうするとアイデアもどんどん出てくる。３年間、監督を務めて感じたのは、僕ひとりの頭では解決できないこと、思いつかないことも、コーチ陣と一緒になって考えていけば解決に向かいやすい、ということだ。

様々なアイデアを出し合い、取捨選択するには、ひとりで考えるよりも、９人、10人が一緒になって考えた方が面白い。そうした話し合いの末に判断を下し、最後に責任を取るのが監督の仕事なのである。

リーダーは一歩引く

コミュニケーションを重ねてきた結果、２０２３年のキャンプの前には、コーチたちから「監督、なにかやりたいことはありますか?」と質問されるまでになった。

ここまで来ると、安心してコーチたちに仕事を任せられる。２０２３年のキャンプに即していえば、僕の仕事は、「旗」を立てることだった。

２月１日にキャンプが始まり、２月23日にはジャイアンツとのオープン戦開幕戦が予定されていたので、僕はコーチたちに「オープン戦が始まるまでに、それぞれの選手たちをこういう状態にしておいてください」と伝えた。

この日は新外国人のピーターズとエスピナルを登板させる予定だったので、投手コーチたちはそれに合わせて調整を進めていく。野手では、内山壮真を捕手と外野手の「二刀流」で起用する方針を固めていたので、4番キャッチャーで先発させた後、試合の途中でレフトを守らせたい。それをバッテリーコーチと守備コーチに伝えておけば、新たに挑む守備などの準備を進めてくれる。どんな形で調整するのかは、コーチたちに任せており、細かいことにまでは首を突っ込まない。

二軍と一軍で監督を務めてきて気づいたのは、組織や人が自発的に動き出すためには、リーダーは一歩引いた方がいいということだ。君にこの部門を任せます、ここはあなたが動く部門ですよ、と決めた方が組織は自発的に動いていく。その結果として、僕は「右腕」と呼べるコーチたちに恵まれることになった。

2017年から2019年まで二軍監督を3年、2020年から一軍監督を務めているが、6年間一緒に仕事をしてきたコーチが2人いる。一軍作戦コーチの松元ユウイチと、内野守備走塁コーチの森岡良介だ（2023年4月現在）。ユウイチと森岡は、僕がなにを考えているか理解して動いてくれる。

投手コーチについては、一軍は伊藤智仁、石井弘寿の2人、二軍はチーフ投手コーチの尾花高夫さん、小野寺力、松岡健一、バッテリーコーチの衣川篤史も含めて6人のスタッフがいる。投手については僕もコーチのひとりだと思っているので、計7人となる。

投手コーチは、選手のコンディションを把握することが重要な仕事である。若手に対しては育成方針を全員で共有し、指導にあたっていく。

現役時代からの仲間である伊藤智仁とは、それこそ遠慮のないディスカッションができる。彼は投手の身体、メカニック、スピン量をはじめとしたデータからのアプローチなど、様々な角度からピッチングを研究している。ふたりで意見を戦わせることも多く、シーズン中に二軍から投手をコールアップする場合、「俺はこの投手がいいと思う」と言えば、伊藤から「いま、ブルペンの状況がこうなっているので、こちらの投手の方がいいと思います」と返ってくることもある。忌憚《きたん》のない意見交換ができることで、間違いなく試合に向けていい準備ができている。

コーチに任せること

僕が投手出身ということもあり、「投手のことは全部、高津が担当しているんじゃないか」と思われる方もいるかもしれないが、このように伊藤、石井と一緒に仕事を進めている。シーズン中、僕が担当するのは主に先発ローテーションの決定と、試合中の継投などである。

ただ、連戦が続く9月などは、カレンダーの対戦カードを見ながら、投手コーチたちと「このカードの頭は、相性を考えると、高橋奎二の方がいい」とか、「やっぱり、ここは石川で」とか、「前回の対戦結果を考えて、サイスニードを持っていきましょう」などと相談しながら決めていく。

一方、投手陣の練習内容や調整方法などは100パーセント、投手コーチたちに任せている。投手のコンディションの見極めも同様だ。

大切なのは、仕事の「線引き」である。

監督が起用全般を担当し、コーチたちは技術の向上、コンディションの調整を担当する。中6日と中9日の先発投手が混在する「ゆとりローテーション」がうまく運用できるのも、コーチたちとの協同作業のおかげである。

線引きすることで責任が明確になり、仕事がしやすくなる。こうした考えに至ったのは、

２０１４年から２０１６年まで、一軍の投手コーチだった経験も大きい。投手については、真中満監督から全権を委任され、先発ローテーション、ブルペン起用など、すべて任せてもらった。当時は先発投手たちに、メジャーリーグのように「18時のプレーボールに間に合わせてもらえれば、準備はなにをしても構わないから」と新しいことを導入することができた。真中監督から信頼されているという安心感があり、本当に仕事がしやすかった。真中監督には感謝である。

選手との関係をどう築くか

僕の仕事の多くはコーチたちとのものだが、当然のことながら選手とコミュニケーションを図ることもある。ただ、それほど選手たちのことを詳しく知っているわけではない。

たとえば、２０２２年にショートのレギュラーに定着した長岡秀樹については、シーズン中は一緒に食事することもなく、球場以外の接点はほとんどなかった。12月に優勝旅行でハワイに行った時に一緒のテーブルになり、よく食べ、よく飲む若者だと初めて知ったくらいだ。

食事はともかく、監督が選手と一対一で面談をすることは、数回の例外（これについては後述する）を除きほとんどない。

スワローズでは、キャンプ中に投手コーチと投手陣の面談がある。キャンプでの進捗状況を確かめながら、開幕に向けてどのような準備をしていくのか、コーチと投手が話し合う場だ。ここに、たまにオブザーバーという形で参加するくらいだ。

コーチと選手のやり取りを聞いていると、「そういうことを考えていたのか」といった発見があって面白い。僕が発言をするのは、本当に確かめたいことがあった時だけ、遠くの席から質問する程度である。

このように、選手とのコミュニケーションはコーチたちに任せている。もちろん、僕もピッチングについては「こうした方がいいんじゃないか」というアイデアを持っている。ただ、そうしたアイデアを、コーチを飛ばして直接、選手に話すことはない。まず投手コーチに話し、そこで意見を交換する。その時も、僕から「こうしてほしいんだけど」といった言い方はしない。コーチたちには、あくまでアイデアのひとつとして聞いてもらう。

細かいところまで把握しようと躍起になるのではなく、コーチと話し合うことで全体を俯瞰し、マネージメントするのが監督の役割だと僕は考えている。

選手たちの世界には入り込みすぎない

プロ野球の主人公は、あくまで選手たちである。選手たちの輪に監督が首を突っ込みすぎるのは良くないと思っているので、ほどほどの距離感で選手たちと接している。

神宮球場のクラブハウスは、監督室、コーチ室、トレーナー室、そして選手のロッカールームなどに分かれている。

僕は、選手たちがいるロッカーにはほとんど足を運ばない。例外は綿棒を取りに行く時と、トイレに行く時だ。ロッカーを通らなければトイレに行けない構造になっているので、その時ばかりはやむを得ない。

ロッカールームは選手たちがリラックスする場だと思っている。監督が顔を出すと、それなりに緊張感が走り、和《なご》やかなムードが微妙に変わってしまう。

逆にロッカールームに頻繁に顔を出し、選手とのコミュニケーションを円滑にするという手法もあるだろう。しかし、僕は選手たちのエリアにあまり足を踏み込みたくない。その方が選手たちは寛《くつろ》げるし、良いパフォーマンスにつながると考えている。

ただ、首を突っ込みたくなる気持ちも分かる。マネージメントする立場になると、自分に集まってくる情報は多い方がいいと思いがちだからだ。

実際、監督1年目は、僕もそうした傾向が強かったと反省している。2020年、一軍監督に就任した時は、「やってみたいこと」がたくさんありすぎた。最下位だったチームのムードを変えて、成績を上向かせよう。そうすればクライマックスシリーズだって狙えるはずだ……。

その結果、僕はキャンプから張り切りすぎた。メニューを詰め込むと、かえってできないことも増え、消化不良になってしまう。その反省もあって、2年目からは少し緩めのスタートにしつつ、内容を濃くするように努めた。

なにごとも「全部」を取ろうとするのは無理がある。それは人間関係にも当てはまる。選手のことを全部知ろうとすると、疲れてしまうのだ。

いい情報だけならいいが、悪い情報も入ってくる。人間はどうしてもネガティブなことに気持ちを引っ張られてしまう。その結果、僕自身、ストレスを感じたり、不満を覚えたりすることがあった。

人間は完璧にはなれない。だからいまは、知らないことがたくさんあることを受け入れている。全部は知らなくていい。問題がこじれる前に情報を収集して、コーチたちと一緒になって解決に乗り出せる状況をつくっておけばいいかと思う。

職場のムードを大切にする

すべてを知らなくていい――そう思えば、肩の荷が下り、気持ちも楽になり、仕事に対しても前向きになれる。

僕が就任当初から目指していたのは、「みんなが球場に行くのが楽しみな職場」なので、まずは僕が楽しくなるようにしなければならない。いまは選手だけでなく、スタッフ含め、みんながどんな表情で仕事をしているか気にかけている。

プロ野球のチームは大きな組織なので、対人関係の相談を受けることもある。職場でストレスを感じる人がいるのは当たり前だが、そうなると球場に来るのが楽しくなってしまう。僕はそういう思いを抱く選手、スタッフを出したくはない。

監督として解決に乗り出さなければならない時は、自分なりにどうするのがいちばんいい方法なのか模索する。人間関係の問題は正解にたどり着く公式があるわけではないので、試行錯誤をするしかない。

繰り返しになるが、「チームとしてひとつの方向を向く」ためには、相手を思いやり、相手を知るしかない。そのためには、ディスカッションが必要不可欠であり、当事者同士が腹蔵なく話せる場が求められる。腹を割って話すことで相手の立場を理解し、思いやる。問題が起きた場合でも、オープンに話し合って、最終的にみんなに前向きになってもらいたい。そして、喜びや悔しさを共有できる仲間でありたい。そのために、人間関係の構築には惜しみなく時間を注ぎ込んでいきたいと思う。

２０２２年7月2日、自身初のサヨナラヒットを放った塩見が、ヒーローインタビューでこう答えた。

「家族のようなチームで、毎日毎日クラブハウスに来るのが楽しみ」

これこそ、まさに僕が目指していた理想の職場であり、この言葉を聞いた時ほどうれしかったことはない。

第5章　人事

チームバランスを考える

これまで、コーチたちをはじめとした人間関係の重要性について書いてきた。本章では、チームの人事全体のバランスについて考えていきたい。

第1章の青写真の話とも関係するが、選手たちの年齢構成を考えるのは現場を預かる監督として重要なことだ。レギュラー全員が30歳を超えていたらどうだろう？　3年後、5年後を考えた時に、それは避けたい。反対に20代前半の選手が先発メンバーにずらりと並ぶようだと、経験不足が災いして厳しい試合が続くだろう。

先発メンバーだけでなく、ベンチのメンバーを含めて、選手たちの年齢構成のバランスが良いチームが、やはり結果を残せると思う。

僕が一軍の監督になったのが２０２０年。３シーズンを戦い終えて実感しているのは、いまはチームバランスがひじょうにいいということだ。ベテランがいて、30歳前後の中堅がチームの核となり、20代前半の若手が元気をもたらしている。２０２３年の開幕戦では、濱田太貴（22歳）、村上宗隆（23歳）、内山壮真（20歳）、長岡秀樹（21歳）が先発に名を連ねた。

一方でベテランといえば、投手では１９８０年生まれの石川雅規、野手では１９８２年生まれの青木宣親の2人が中心となってくれている。

この2人は若手のお手本そのものだ。

匠の技術でチームに何勝をもたらすかという視点だけでなく、他の選手たちに対する影響力も含め、彼らの存在は計り知れないほど大きい。ともに技術の向上にいまだに貪欲で、練習も一生懸命にやる。その姿を見て、「それはどうやってるんですか?」と質問をしにいく若手もいる。石川、青木ともに技術を隠すようなことはまったくしないので、それだけでチーム力が上がる。

僕が2人のことを尊敬しているのは、質問されるばかりではなく、ライバルである後輩たちにも質問をぶつけていることだ。石川と青木の野球に対する謙虚な姿勢には頭が下がる。

石川と青木の影響力

石川は「200勝まであと何勝」ということが注目されているが、とにかく練習熱心で、球場に早くやってきて準備を怠らない。キャンプでも2月1日、初日からブルペンに入り、「ちょっとだけです」と言いながら、50球ほど投げ込むこともある。石川のそうした姿勢を見た後輩たちが「自分もやらねば」と思うのは自然な流れだろう。

僕は投手コーチとして石川のことを見ていた時期もあるので、彼が数や量を重視して開幕に備えていくタイプだということを理解している。ピッチングをして、ランニングをして、その後にまたピッチングをする時さえある。

真面目なだけでなく、柔軟性もある。僕が投手コーチの時だったか、「気持ち良く投げられるキャッチャーがいるんだったら、遠慮なく言ってもらっていいからね」と伝えた。石川ほどの格の投手ならば、捕手の希望は通る。ところが石川は「誰に受けてもらっても大丈夫ですよ。ありがとうございます」と言うのだ。そして彼は、どの捕手と組んでもうまくピッチングを組み立てる。

柔軟性は、好奇心にも表れている。若手に対して「それ、どうやってるの?」とどんどん質問を繰り出していく。いまのフレッシュな気持ちを維持していれば、間違いなく200勝到達は可能だろう。

青木は、ポジションを争うライバルであっても、惜しみなく技術を伝える。技術的なアドバイス、ヒント、聞かれればなんでも答えられる「辞書」のような存在だ。

彼らがリーダーとしての資質に恵まれているなと感じるのは、みんなの前で面白いことを言う勇気を持っていることだ。ユーモアがあるし、すべることさえ気にしない。ちょっとふざけたり、みんながクスッと笑ってしまうようなことを平然と言ったりする。先輩風を吹かせ、しかめ面をしているような人間ではない。彼らがスワローズの雰囲気、トーンをつくってくれていると思う。理想の職場の実現には、ベテランの存在が大きな意味を持っている。

特殊な選手

僕がみなさんに伝えたいのは、石川と青木はある意味、技術面で特殊な選手だということだ。

石川は、オープン戦で打たれる場合がある。しかし、僕はまったく心配していない。開幕に合わせているのを何年も一緒にやっていて知っているのと、石川の球は二軍の打者にタイミングが合ってしまうからだ。それは、球が遅く、ストライクが来るという極めてシンプルな理由による。逆説的だが、だからこそ、一軍では通用する。球の出し入れ、緩急、石川の投球術は一軍でこそ生きるものなのだ。

彼の探求心は、「相手チームは、自分をどう研究しているのだろう？」というところにまで行き着いているようだ。そのうえで相手の裏をかこうとしているのだから、恐れ入る。いまの若手投手たちは、年齢を重ねるにつれ、「石川さんはすごいことをやっていたんだな」

とようやく気づくことになるはずだ。

青木も、一軍でこそ結果を残す打者だ。僕が二軍監督だった時、青木がケガ明けの調整で二軍にやってきた（そこにいたのが入団1年目の村上だった）。青木は独特の調整法を採っているようで、ファームの試合ではそれほどヒットは出ない。ファンは不安だっただろう。ところが、一軍に上がった途端にバンバン打つ。

打撃のことは詳しくは分からないのだが、とにかく一軍の投手にはタイミングが合うようなのだ。青木は天才肌なのだと改めて感じた。

僕が石川と青木から学んだのは、オープン戦やファームでの結果だけで判断してはいけないということだ。ベテランには「味」がある。その味がどこで生きるかを判断するのも監督の仕事だ。

中核を担う選手たち

チームの中心となるのが30歳前後の選手たちだ。キャプテンの山田哲人や、キャッチャーの中村悠平が中堅としてチームの要になっている。投手陣でいえば石山泰稚、小川泰弘らがその役割を担う。まさに彼らは働き盛りの選手たちだ。

ボリュームゾーンでいちばん大きいのは25歳以下の選手たちで、野手では村上宗隆、長岡秀樹らがレギュラーとして存在感を示している。村上は、長岡や内山壮真が一軍に定着するようになると、先輩としてしっかり指導役を果たしていた。

このようにベテラン、中堅、若手の年齢構成、チームバランスが投打ともに良いのがスワローズの特徴だと自負している。

もうひとつ忘れてならないのは、海外からスワローズにやってきた選手たちのグループだ。実は、２０２２年までこのグループの中心となってくれていたのがスコット・マクガフだった。

海外から来た選手たちは、英語を話す人、スペイン語を話す人同士で結びつくことが多い。それは自然なことだろう。

マクガフは、その両者の橋渡しを見事に、鮮やかに行っていた。家族をアメリカに残し、慣れない日本の環境でプレーする外国人選手たちに、「日本では、こういう感じで進んでいくんだ」と丁寧に教えていた。

彼こそ、相手の立場になって物事を考え、同じ方向を向かせてくれる人だった。その意味で、マクガフが抜けたのはすごく痛手だ。ただ、２０２２年12月のハワイ優勝旅行に、彼が家族と一緒に参加してくれたのは本当にうれしかった。

ハワイでの別れはさびしかった。もう二度と同じユニフォームを着られるかどうか分からない。それでも、マクガフがメジャーリーグのアリゾナ・ダイヤモンドバックスで成功することを願ってやまない。頑張れ、スコット！

彼はたくさんのセーブをマークしてくれただけでなく、その人柄でスワローズに大きく貢献してくれた。マクガフの事例からも、外国人選手の獲得にあたっては、実力だけでなく、チームに対してどんな影響をもたらしてくれるのか、性格面についても調査をすることは必須である。

外国人投手は繊細

２０２１年以降、スワローズが成功を収められたのは、マクガフをはじめとして、外国人選手たちがチームにフィットして活躍してくれたことが大きい。野手ではオスナにサンタナ、投手陣ではマクガフ、サイスニードが責任を果たしてくれた。

うれしいことに彼らは「チームファースト」という気持ちを持ってくれており、スワローズのカルチャーをつくるのに貢献してくれた。２０２３年3月に行われたＷＢＣでは、オスナとサンタナが東京ドームのスタンドから、村上に声援を送っている様子がＳＮＳに流れていた。

こうした雰囲気が生まれたのは、奇跡的なことだ。これまで、外国人選手が日本の野球に馴染《なじ》めずに実力を発揮できなかった例をいくつも見てきた。

外国人の獲得については、シーズンオフになると各球団に「需要」が発生し、エージェントなどを通しての売り込みもある。そして交渉の末に契約に至る。スワローズが欲しかった選手が、他球団のユニフォームを着ていることもある。

球団側は海外での成績は把握しているが、様々な不確定要素があり、性格や環境への適応能力までは分からない。「日本球界に馴染めるかどうか」というのは大切な要素だが、これも実際に来日してみなければ分からない。

特に投手の場合、いろいろなアジャストメントが必要になる。先発投手は、アメリカでは中４日でローテーションが回ってくるが、日本は中６日である。ボールも違えば、マウンドの形状も違う。日本人投手がメジャーリーグに移籍する時に指摘されることは、当然ながら来日する選手にも当てはまる。遠征の際の移動も公共交通機関を利用するので、チャーター機でストレスなく移動できるメジャーリーグとは違う。

打者に対する攻め方の発想も違ってくる。基本的に、アメリカでプレーする投手は自分で責任を背負う傾向が強い。捕手のサインに従って打たれたら昇格できないと思っているので、自信のある球種で攻める「自己責任」が主流なのだ。その点、日本ではバッテリーのコミュニケーションが大切で、試合前から意見をすり合わせながら打者を攻略していく。

獲得した投手がこうした柔軟性を持っているかどうかは、実際にチームに合流してみなければ分からない。

また、生活面でのアジャストメントも必要になる。中には、日本に単身赴任している選手もいる。以前、コロナ禍の時にライオンズが父の日の企画で、サプライズで家族からのビデオメッセージをプレーボール前に流していた。それを見た外国人選手たちが泣いていた。仕事のために家族と離れ、つらい思いをしているのだ。

ファンのみなさんには、彼らがこうした異国の環境に適合しながら頑張っている、ということに想像をめぐらせて応援してくれたらなと思う。

マクガフが果たした役割

前述したように2022年まで、スワローズでは外国人選手の精神的なケアも含めて、マクガフが担ってくれていた。

ロッカールームには、外国人選手たちが寛ぐエリアが自然と生まれる。スペイン語を話すエリアと英語を話すエリアだ。

オスナとサンタナは、2人だけの時はスペイン語で会話をしているが、みんながそろうと英語で話す。そんな時は必ず真ん中にマクガフがいて、サイスニードら英語を話す選手たちとの橋渡し役を務めていた。言葉によって壁ができないよう配慮していたのである。

マクガフは本当にすごい男だった。彼は外国人選手同士だけではなく、日本の選手たちとも食事に行っていた。「家に泊まりに来いよ」という感じでフランクにコミュニケーションを取っていた。

彼の精神的な安定性、リーダーシップはスワローズの強さの一部だった。2022年に38セーブをマークした実績も素晴らしいが、人事的な面でも大きな貢献をしてくれていたのである。スコットは紛れもなく、「外国人の中のキャプテン」だった。

マクガフの存在は、他の投手にも精神的安定をもたらしたと思う。

サイスニードは2021年に入団したが、そのシーズン後半にコンディション不良で戦線離脱し、グラウンドで日本一の喜びを味わえなかった。サイスニードは責任感が強く、投球内容が思わしくないと、クラブハウスで落ち込むこともあった。そんな彼に、マクガフが話しかけたり、僕が「今日はよくやってくれた。ありがとう」と声をかけたりしているうちに、冷静になる時間が多くなってきたように感じる。日本で過ごした2年のうちに感情の起伏が少なくなり、安定した投球ができる準備が整ってきた。彼は、日本のプロ野球において成長過程の真っ只中にいる。

日本には、昔から「助っ人外国人」という言葉がある。完成された外国人選手が入ってきて、チームを救うというイメージだ。だからこそ期待も大きい。

でも、僕はこう思う。彼らも人間であり、同じ野球人だ。うまくなりたいと思っていることに変わりはない。彼らだって、成長できる。スワローズは、彼らにとってそうした場所でありたい。

コーチ陣は、外国人選手の成長も促せるよう、勉強し続けなければならない。投手であれば、新たな変化球をマスターしたいだろうし、打者だったらもっと本塁打を打ちたいはずだ。その時にどうアドバイスできるか、学びを深める必要がある。彼らをヘルプするのもまた、コーチ陣の仕事なのだ。

班長をつくる

マクガフの果たしてきた役割は、僕の中では「班長」という単語がしっくりくる。小集団のリーダーというイメージだ。

チームの中にいい班長がたくさんいることが、僕はすごく大切だと思っている。

いま、スワローズが良い組織になっているのは、いい班長がたくさんいるからだ。これまで書いてきた通り、ベテランの石川や青木がそれぞれの持ち場で班長の役割を果たしてくれている。この2人はスワローズの顔であり、いつまでも元気でいてほしいが、誰しも引退は避けられないし、彼らに頼り切ってばかりはいられない（もちろん、彼らが望めばいい指導者になれる素養はすでに示している）。将来のことまで考えると、「数年後、誰が班長になってくれるんだろう？」とも考えてしまう。

組織として強固になるためには、先発投手陣の中に班長がいて、ブルペンにも班長がいる。捕手、内野手、外野手といった職場ごとに班長になれる人材を育てていくことも大切だ。

班長という単語を使ったけれど、リーダーやキャプテンという言葉に置き換えてもいい。いまスワローズでは、山田哲人がキャプテンを務めているが、ポジションごとに班長的な存在の選手がいる。班長を中心にそれぞれのポジションが活気づき、技術を高め合ってこそいいチームが出来上がると思う。

班長、コーチになる

2023年、班長がコーチになるケースが誕生した。引退した嶋基宏が一軍バッテリーコーチ兼作戦補佐になったのである。

嶋は2020年に移籍してきて、3年間プレーした。3年間トータルで39試合にしか出場していない。しかし、スワローズにとって嶋の加入は、計り知れない効果をもたらした。最初のシーズンから、ダグアウトの中で次の打席に備えるバッターが嶋に相談に行く姿が見られた。村上や塩見といった若手の選手たちが、配球についてアドバイスを求めに行っていた。詳しいことは知らないが、前の打席の「結果球」(ヒットになったり、アウトになったりした球種のこと)をもとにして、次の打席での配球を予想しているらしい。経験の浅い選手たちにとって、嶋は先生のような役割を果たしていた。班長を通り越して、もはや先生である。

嶋と話していて感心したのは、視野が広いことだった。捕手の習性なのだろうか、試合前からいろいろなところを観察している。誰がどんな練習をし、どんな動きをしていたかを見

僕はまったくの素人である。見守るだけだ。ただ、打撃コーチに「彼については、こういう打撃ができないかな?」と相談することはある。チームの戦力向上のために必要とすることがあれば、それをコーチに話し、短期的、あるいは中長期的に解決にあたってもらう。

打撃練習を見るのは、個人的には大好きだ。特に打撃コーチの杉村繁さんが選手たちに与えるメニューを見ていると、「こんな練習方法があるんだ」と驚くことも多い。杉村さんは1957年生まれで、75年の春のセンバツで高知高校の4番として優勝した大スターだ。ちなみに、決勝戦の相手は原辰徳さんがいた東海大相模高校だった。

杉村さんは65歳になるが、練習方法の引き出しがとにかく豊富だ。どうやらその中身は、西鉄ライオンズのレジェンド、中西太さんの時代から伝えられてきたものらしい。昭和の野球と令和のスワローズがつながっているのも、杉村さんの存在のおかげだ。

前著『一軍監督の仕事』でも書いたが、試合の打順を決めることは、監督2年目の2021年から打撃コーチたちに任せることにした。1年目はあれこれ自分で考えていたが、打撃コーチたちが各々プランを持っていることが分かったので、その方が発想が広がると実感したからだ。これも「任せる」一環だが、時に思い切ったオーダーを組めるのも、コーチたちのアイデアのおかげである。僕ひとりでは、バリエーションが広がらない。

試合になると、作戦コーチが側《そば》にいて、作戦をパッパッと決めていく。たとえば、試合中盤の競った展開でランナーが出たとする。すると作戦コーチが、「バントでいきますか？エンドランですか？」と質問をしてくるので即答する。その逆もあって、「向こうのブルペン、誰々が練習を始めたけど、ウチで相性のいいバッターは誰？」と僕がコーチに質問することもある。するとコーチが僕に選択肢を与えてくれる。試合中は、こうやって作戦を決めていく。

作戦を決める際には、あらゆることを考慮しなければならない。次の打者の代打に誰を起用するかを考えているような単純なことではない。かなり先回りして代打やブルペンの準備を進めなければならず、早めに各所に連絡を取ってもらう。僕としては、準備してもらう時間をなるべく長く取りたい。いきなりの登板や代打より、しっかり準備をした方が結果が出ると思うからだ。

一軍監督を3年間経験して分かったのは、「決断のスピード」の重要性だ。人間が生きていくためには日々、多くの決断をしなければならないが、その巧拙、遅い・速いがある。野球の現場では、スピードの速さが特に求められる。

コーチから上がってくる選手のコンディションの報告、投手と打者の相性——そうした資料に目を通して頭に入れておきながら、コーチと相談し、最終的に判断する。監督とコーチがパッと答えを出せる関係性ならば、試合中に起きる様々な変化にも対応しやすい。判断のスピードの差が勝敗を分けることもある。スワローズとして、そこで遅れを取るわけにはいかないのだ。

第6章

若手の成長について僕が考えていること——投手編

全体像

前章では人事面について書いたが、本章では「未来のスワローズ」について書いていきたい。数年後にスワローズを背負って立つことになる若手の育成について、僕がどんなアプローチを採っているかということだ。

２０２３年、スワローズには支配下登録選手が66人いて、育成契約選手が９人いる。ポジションごとの年齢構成は次のようになっている（支配下登録選手のみ。年齢は２０２３年開幕時点でのもの）。

【投手】

35歳以上	1人
30歳〜34歳	7人
25歳〜29歳	17人
24歳以下	10人

【捕手】
30歳以上　2人
25歳～29歳　1人
24歳以下　2人

【内野手】
35歳以上　2人
30歳～34歳　4人
25歳～29歳　4人
24歳以下　8人

【外野手】
35歳以上　1人
30歳～34歳　1人
25歳～29歳　2人

24歳以下　　　4人

こうした数字を見ると、プロ野球の世界がいかに厳しいものか分かっていただけるだろう。35歳以上のベテランは、投手と野手を合わせても4人しかいない。石川雅規、川端慎吾、荒木貴裕、青木宣親の4人である。十数年以上活躍し、生き残るのは並大抵のことではない。

それでは各ポジションを見ていこう。

投手陣の年齢構成はバランスが取れていると思う。30代前半の投手は小川泰弘、石山泰稚、サイスニードらの外国人投手というように、チームの中心として活躍してくれている。

課題として挙げられるのは、20代後半の投手たちの充実を図ることである。数年後、彼らが30代を迎えた時に、小川や石山のような存在感を示してほしいからだ。

幸い、ブルペンは充実を見せてきた。２０２３年の開幕でクローザーを任せた田口麗斗は27歳、セットアッパーの清水昇は26歳で、これからキャリアのピークを迎えていくはずだ。さらには星知弥（28歳）、今野龍太（27歳）、大西広樹（25歳）、サウスポーである山本大貴（27歳）、久保拓眞（26歳）とこの年代の層は厚い。今後、先発への配置換えなどもあるかもしれないが、激しい競争の中で、自分の「武器」を見つけて長いキャリアを築いてほしい。

どちらかといえば、20代後半の先発投手が手薄といえば手薄で、高橋奎二と２０２３年入団の吉村貢司郎《こうじろう》（ともに25歳）が先発ローテーションに入っているが、今後はこの世代の先発投手陣を充実させなければならない。逆説的にいえば、20代前半の投手陣を含め、シーズンを通して結果を残せば、先発の柱のひとりとして成功するチャンスがそこに眠っている。

捕手はバランスが良い。中村悠平と西田明央《あきひさ》が30代で、売り出し中の古賀優大と内山壮真が20代前半。ベテランと若手のチームワークによって、向こう数年、スワローズにとっては大きな武器となるポジションになりそうだ。

内野は、20代前半の選手たちの元気が良い。村上宗隆は23歳ながらスワローズの顔になってくれたし、長岡秀樹はこれから成長曲線を描いていくだろう。２０２３年のオープン戦では山田哲人と村上がＷＢＣで不在だったこともあり、新人の北村恵吾や赤羽由紘らにも出場機会を与えることができた。

外野は若い。青木宣親とサンタナが30歳を超えているだけで、20代の若手が６人もいる。彼らが競争の中で順調に成長していけば魅力ある布陣になっていくだろう。

選手の能力を把握する

まず、こうして全体像を把握することが、育成のスタートになる。現在所属している選手の大半はスワローズに何年も在籍していて、僕が二軍監督時代から見てきた選手も多い。彼らの能力はある程度把握できている。把握しなければならないのは、高校を卒業して入団してきた1年目、2年目の選手たちだ。

僕が心がけているのは、「先入観を持たないこと」である。たとえば、甲子園でプレーしていた選手がいて、こちらが勝手にその時のイメージを持って接してしまうと、その選手の能力を見逃してしまうことになりかねない。できる限りフラットに、なにも知らない状態で接していくのが、能力の把握には大切だと思う。

とはいえ、これが難しい。ドラフト時にアマチュア時代の映像を見ているからだ。投手だったらこんな球を投げる、打者だったらパワーがある、確率が高いなどと期待をして指名しているので、先入観をゼロにするわけにはいかない。そこをできるだけフラットにしていきたいと毎年思っている。

また、新人がスワローズのユニフォームを着ると、どうしても「プロの眼」で見てしまうという問題もある。練習する姿を見て、新人と分かっていても「ああ、これじゃプロで通用しないな」と思いがちなのだ。これではイカンと自戒している。

新人は全員が即戦力になるわけではない。特に高校を出たばかりの選手が、いきなりプロで通用するほど甘い世界ではない。三冠王、村上宗隆だって、1年目の終わりに一軍に昇格し、初打席で本塁打を放ったものの、残りの打席はプロの投手にキリキリ舞いさせられた。

ピッチャーだってそうだ。学生時代、150キロのストレートを投げられれば、それだけで大きな武器になる。しかしプロに入ると、それだけでは打たれる。150キロの球を狙ったところにコントロールし、そこに変化球をどうやって組み合わせていくか――それができてこそ初めて一軍で投げられる投手になる。

育成には時間が必要であり、特に高卒の若手については「ここから、どこをどう伸ばすか？」という柔軟な視点で見ていきたい。新人にいいスタートを切ってもらうために大切なのは、育てる側が固定観念を持たないことである。

先入観を捨てよ――。

これは自分自身を戒めるための言葉でもある。

新戦力は、良いところを見つける

僕がキャンプで心がけているのは、選手のポジティブな要素を見つけることだ。これはベテランの選手でも同じである。いまの選手たちはオフシーズンに「自己改造」を試みる。選手たちの動きを観察しながら、どのような変化があるかを見極めていく。

新人に関しては「特徴」を見るように心がけている。メンバーに割って入るためには突出したものがあればアピールしやすい。足が速い、肩が強いというのは重要なアピールポイントだ。そうした特徴があると、「試合の終盤の代走で使えそうだ」「守備固めに使えるな」など、アイデアが膨らんでいく。テレビ番組でも俊足を披露している並木秀尊はとにかく速い。彼の持つスピードをどうやったら生かせるのか。これは一例だが、選手たちに「良い仕事」ができるチャンスを考えるのが監督の仕事である。

ただし、若手はひとつの仕事がクリアできても、別の仕事を与えると多くの場合、失敗する。それが繰り返されるのだ。まずは長所、持ち味を見るが、そこから戦力になれるかどうかは、別のハードルをクリアして、実力を証明していかなければならない。最終的には総合力を高めてこそ、レギュラーになれる。

欲を持て

では、実力を証明するために必要なことはなんだろうか。

僕が監督になってから、投手では高橋奎二、奥川恭伸らの先発陣が活躍し、リリーフでも木澤尚文が2022年から重要な戦力へと成長してくれた。

野手に目を転じれば、長岡秀樹が2022年にショートのレギュラーに定着し、これからも貪欲に上を目指していってくれるだろう。

彼らに共通しているのは、能力が高いだけでなく、成功を渇望していることだ。欲があるのだ。

プロで活躍するためには、「貪欲」さが絶対に必要だ。この世界で30年以上仕事をしてきたが、残念ながら、プロであることだけで満足したり、プロにあぐらをかいていたりする選手を何人も見てきた。中には、「この世界では自分は無理だ」と勝負から降りてしまう人もいる。

野村克也監督は、こんなことをよく言っていた。

「自己限定選手はダメだ。自分を知ること、自己分析をすることは大事だけれど、自分はこんな選手で、ここが限界と定めてしまったら絶対に成長しない。それよりも、欲の塊の方がいい。お金持ちになって良い服を着たい。高級車に乗りたい。そんな貪欲な選手は、伸びるチャンスがある」

この言葉は、いまも記憶に残っているほど印象的だった。「自分はここまでの選手」だと思ったら、その瞬間にプロとしての成長のスピードが鈍化してしまう。

しかも、その欲を持続するのが意外に難しい。

若い頃は、二軍から抜け出してなんとか一軍でプレーしたいという強い思いが成長を促す。しかし、ここからは成功が「罠」になる。一軍の枠に入った。「控え」ではあるが一軍に定着した。すると、そこで満足してしまう選手がいる。プロ野球は競争が激しいから、その満足も理解できる。

次に待っているのは控えのポジションを守りたいという欲である。これが罠である。レギュラーになろうという欲がいつの間にか消えてしまう。人間はポジションを守りたい生き物だから、得てしてこういう気持ちになりがちなのだ。

指導者として望みたいのは、野手として一軍に定着したのなら、3割を打ちたい、ホームランも20本打ちたいという気概である。それを実現すれば、向こう数年はレギュラーの座は安泰——とまではいわないが、約束されたものになるだろう。

先発投手であれば、中６日でローテーションを守り、２ケタ勝利を目指してもらいたい。常に上を目指さなければ、一軍の控えは控えのままでキャリアを終え、レギュラーならレギュラーのままで終わる（それでも並大抵のことではないが）。オールスターに選ばれるような一流選手にはなれない。

難しいのは、そうしたモチベーション、マインドセットはわれわれ指導者が言葉を尽くして説いても、植えつけられるものではないということだ。選手個人の内面に左右されてしまう。

様々な「耐久性」

選手たちの年齢構成を見て思うのは、フィジカルのコンディションを維持し、欲を持続するのはたいへんだということだ。それを維持・持続する耐久性が求められる。

アマチュアは１００パーセントの力でプレーする期間が短い。たとえば、高校生の場合、各地方大会が始まるのが7月中旬で、甲子園の決勝まで戦ったとしてもひと月半で決着がつく。大学生になると、春秋のリーグ戦を戦うが、15試合くらいが上限で、期間も２カ月程度である。

ところが、プロになると、レギュラーシーズンは3月下旬に開幕してから9月まで続く長丁場だ。僕自身も、プロに入って最初のシーズンは「なんて長いんだ」と思ったほどで、これは誰もが経験することだろう。

プロで成功するためには、スポットで結果を出しても生き残れない。成功を収めるのは体が丈夫で、成績の上下動の幅が少なく、持続力、耐久力がある選手だ。

現代のプロ野球では、成績を維持するのが難しい。なぜなら、豊富な映像やデータですぐに研究されてしまうからだ。成績が良ければ良いほど相手も対策を練ってくるようになる。そこで、自分がどう研究されているかを考え、相手をさらに上回っていかなければならない。

たとえば、ある投手が春から初夏にかけて調子が良かったとする。しかし夏場になると、すでに何度か対戦し、データも集まるので、相手は配球パターンを読んでくる。そこで力関係が逆転することがあるのだ。そこでどう対策を立てられるかが、シーズンを通して結果を残せるかどうかの鍵となる。プロとして成功するためには、柔軟な考え方をして、さらにそれを広げていく必要がある。

幸い、スワローズには研究することに長《た》けている石川雅規がいる。若手には石川の発想法をぜひ学んでほしいと思っている。

競争を仕かける手段はある

プロ野球の世界では、安定志向は停滞、あるいは能力の低下を招く。監督としては、嫌な言い方になるが、常に選手たちに危機感を持ってもらわなくてはならない。あなたのポジションは、約束されたものではありませんよ、と。そのための方法もある。

２０２２年の日本シリーズが終わってから程なく、愛媛・松山で秋季キャンプがあった。まだシリーズ敗戦の気持ちの整理がついていない時期だったが、僕はキャンプに参加した若手を前にこんな話をした。

「プロの世界は、次から次へと新人が入ってくるし、君たちもいつまでも若手なわけじゃないからね。若いうちに、とにかく野球にのめり込んでほしい。そのうち、野球をやりたくてもできなくなる日がいずれ来る。誰にだって来るんだから。できるうちにやらないと、後で絶対に後悔するから」

高卒2、3年目の選手たちにはあまり響かなかったかもしれないが、この言葉を真正面から受け止めてくれたらなと思う。とにかく野球を究めて生き残り、スワローズの戦力になってほしい。

選手たちが停滞しないよう、監督、コーチ陣にできることがあるとすれば、それは競争を促すことだ。

レギュラーを確保している選手のポジションに対して、若手をどんどんチャレンジさせていく。若手が実力を証明する期間は2月と3月だ。もちろん、1試合だけではなく、ある程度の出番を確保する。選手からすれば、1試合で結果を出さなければならないのと、長い目で見てもらえるのとではプレッシャーが違う。余分なプレッシャーを与えることなく、力を発揮してもらうための準備である。

投手についても、若手は一度の登板では判断しない。打たれたら課題を抽出し、次の登板で改善が見られるかどうかをチェックする。

2021年、2022年のオープン戦の時期は、こうした「チャレンジ期間」を設けていた。その分、結果が伴わず、オープン戦では最下位になり、ファンのみなさんには心配をかけてしまった。

ただしこの2年はリーグ優勝したことで、オープン戦は勝敗を争う場ではなく、開幕を見据えてのチャレンジ、調整の場であることを証明できたと思う。選手たちは、このチャレンジ期間に結果を残せば、開幕からプレーするチャンスが広がる。

レギュラーシーズンが始まると、こうしたチャレンジをすることは難しくなる。春がチャンスなのだ。

「ど真ん中に投げろ」

春にチャンスをつかんだ選手がいる。2022年のスワローズを支えてくれた木澤尚文だ。木澤は2020年秋のドラフト1位で慶應義塾大学から入団してきた。パワーピッチャーで、慶應時代は先発を務めていたので、スワローズでも先発として育成する方針だった。しかし、1年目はなかなか結果を出せず、2年目のキャンプを迎えるにあたっては、リリーフ転向も視野に入れながら仕上がり具合を見ることになった。正直なところ、一軍と二軍の当落線上にいた。

木澤の運命が変わったのは、臨時コーチで浦添キャンプに来てくれた古田敦也さんの存在だ。

古田さんはブルペンで木澤の球を見た後、「いいねえ、木澤は。あれだけ勢いのある球が投げられたら一軍で通用するよ」と太鼓判を押してくれた。古田さんは木澤に対して、「ど真ん中に投げればいいよ。ツーシームをど真ん中にどんどん投げれば打たれないよ」と声をかけた。

これは、僕にはない視点だった。

現場にいると、「ど真ん中に投げろ」という言葉はなかなか出てこない。打たれる可能性も高いから、そういう声はかけづらいのだ。指導陣が使うのは「ファーストストライクを投げていこう」「カウントを有利に運ぶことを意識しよう」「先に追い込むように」といった言葉だ。ゲームの中で、打者との駆け引きを有利にするためのアドバイスが多くなる。

ところが、古田さんは「ど真ん中」という言葉を使った。それほど木澤のボールに威力があったということだ。これは目から鱗《うろこ》というか、野球の原点に立ち返ったようなアドバイスであり、それによって木澤は自分の生きる道を見つけた。

投手の視点、捕手の視点

古田さんの言葉は、若手の育成について僕に新しい視点を与えてくれた。木澤の球筋は、マウンドから野球を見ている投手出身の僕と、捕手という「受け手の目線」を持つ古田さんとでは、見方が違うのだ。

視点の違いは、発想の違いも生む。キャンプでは、僕が捕手の後ろの審判の位置で投球を見ることがある。驚いたのは、ストライクゾーンがどこか分からないのだ。コースにバーンッとストレートが決まってストライクだと思っていると、ブルペン捕手が「監督、いまのボールですよ」と言う。えっ、いまのがボールなの？　と驚くことが度々あった。

投手出身の僕は、マウンドからであれば、ボール半分外れているとかすぐに分かる。しかし、捕手や審判の位置から見ても、さっぱり分からないのだ。

野球の面白いところは、ここだ。

投手と野手はホーム側を向き、打者も投手を見ている。唯一、捕手だけは打者を含めて全員を見られる位置にいて、なおかつボールを受ける。

古田さんは長年のキャリアから、木澤のボールはプロで十分に通用するということに気づいたのだ。

1年目の木澤は球威があることから、フォーシームにこだわっていた。ところがなかなか制球が定まらず、四球から崩れていくパターンが多かった。しかし、速球系のボールをツーシームにすることによって、球威はさほど衰えることなく、コントロールが安定してきた。公式戦が始まると、勢いのある球が真ん中に行ったとしても、打者を球威で圧倒していた。ツーシームは微妙に変化するので、木澤は打者からすると厄介な球を投げる投手へと変身したのである。

視点を変えることの重要性

期待というものは厄介だ。大卒や社会人からドラフト1位で指名されて入団すると、即戦力であることを求められる。なかなか結果が出ないと、本人もコーチたちも焦りを覚える。

木澤が成功した事例では、視点を変えることで選手の能力を生かせるのだと痛感した。

古田さんとの付き合いはもう30年以上になるが、古田さんはキャッチャーとして、右打者のインコースにシュート系のボールを投げられる右投手が好きなのだ。

これは野村監督にも共通していたと記憶する。右打者の内角に食い込んでくる球の打ちづらさというものを古田さんはキャッチャーとして、そしてバッターとして理解していた（野村監督は、シュートを得意とする川崎憲次郎に「インコースにボール1個分曲がったらそれで十分なんだから」と言っていた）。

若手には可能性がある、しかしその幅が広いので、どこにポイントを絞ればいいのか、コーチたちもアドバイスが難しい。

僕がコーチたちに遠慮は要らないと言っているのは、こうしたケースが実際にあるからだ。

忌憚のない意見から、選手が成長し、チームの戦力になることがあり得る。選手のために風通しを良くしておかなければならない。

木澤自身の成長

木澤はシーズンに入ってから、存在感を増していった。

2022年のシーズン当初、僕は中盤の追いかける展開の時に木澤を起用した。木澤の特徴として体が丈夫なこともあり、2イニングを任せられるというのも大きな利点だった。そして木澤が抑えると、打線が終盤にひっくり返す展開が多くなってきた。木澤がチームトップとなる9勝を挙げたのは偶然ではなく、彼がマウンドで粘ることで、試合に勝つ可能性を高めたからに他ならない。

木澤はブルペンの方程式をつくることに貢献してくれた。彼の登場によって選択の幅が広がったのである。

スワローズで右のパワーピッチャーというと、みなさんは清水昇のことを思い出すかもしれないが、清水と木澤ではタイプが違う。清水は丁寧な投球が持ち味であり、制球力もある。対して木澤は、打者をかわすのではなく、マクガフのように力強い球でどんどん押していくタイプの投手である。

彼は自分の持ち味を理解し、それを生かすスマートさもあった。彼なりに研究を重ねてきたことが結実したのだろう。内面のことまでは分からないが、木澤が2年目で自分のスタイルを築きつつあるのは、監督としてうれしい。

木澤ひとりとってみても、若手の成長を促すには、「いろいろな角度からの視点」が重要だと痛感した。

もしも古田さんが臨時コーチに来てくれなかったら……。ひょっとしたら、木澤はもう少し遠回りすることになっていたかもしれない。

木澤の例を示すまでもなく、若手については、欠点や弱点を探すことはしたくない。粗探しは要らないのだ。ちょっとヒントを与えることで変わる可能性があることを念頭に置き、成長のためのアイデアを出していきたいと思う。スワローズとしては、これからも続々と成功例を生み出していきたいし、木澤自身も長くキャリアを続けられるように研究、努力を続けていってほしい。

若手は必ず失敗するもの

若手を起用する場合、ダグアウトもマインドセットを変えた方がいい。リスクを考慮したうえでの起用が望ましい。木澤についても、シーズン当初は四球を与えるケースも想定していた。

若手に関しては、できれば余裕があるシチュエーションで起用したい。その方が力を発揮しやすいだろう。

また、投球回を完了するまでは、ある程度は走者を出すことも許容する。たとえば、二死二・三塁や二死一・三塁ならば、際どいところを攻めて四球を与えたとしても、次の打者を抑えてくれれば問題ない。「どうしてこんなに走者を出してしまうんだ」と捉えるよりも、抑えた結果を重視する姿勢だ。

木澤の場合、一死満塁という場面になったとしても、ツーシームが右打者の内角に食い込んでゲッツーを取ることもあった。それでいいのだ。

野球には様々な考え方があって、「四球で満塁にしてしまった」「一死満塁にしてしまった」というのは、たしかにネガティブな要素ではある。実際、セイバーメトリクス（野球のデータを統計学的に分析し、戦略やマネージメントに活用する手法のこと）では、１イニングあたりどれだけランナーを出したかという指標（WHIP）があり、数値が1を割っていれば、かなり優秀な投手ということになる。平均して、1イニングあたりひとりもランナーを出さないという数値で、三者凡退のことも多い。2022年、サンディエゴ・パドレスのダルビッシュ有投手は0・92という驚異的な数値を出していた。

もちろん、僕もそうしたデータは気にする。リリーフ投手の場合、3人でピシャッと抑えてくれれば、打線にも勢いが出てくる。それでも僕は、若手については、満塁にしたということよりも、ゲッツーで終わらせたとか、最後は三振をとってしのいだという事実を前向きに評価したい。

木澤にしても、もう少し経験を積んだら余計なランナーは出してほしくないが、若いうちはマウンドに送り出す側もリスクを織り込んでおく。

起用する側も、小さなミスを犯したとしても、それを取り返せる余裕のあるシチュエーションで起用したい。

若手の育成には温かい目を

僕の現役時代、プロ野球はシーズン130試合で、いまは143試合だ。これだけの数の試合があれば当然のことながら失敗はつきものだ。いや、失敗に追いかけられているようなものだ。

僕だって失敗した。1993年に野村克也監督からクローザーに抜擢され、2003年まで11シーズンで260セーブを挙げているが、35敗を喫している。ざっと計算すると、シーズンに3敗、2カ月に一度は負け投手になっていたわけだ。

特に若いうちは経験値が低いので、失敗する確率が高い。監督になって思うのは、「若い選手は絶対に失敗する」ということを念頭に置いて育成にあたらなければいけないということだ。

失敗した時、監督としてどうするべきなのか。当然のことながら、いろいろな接し方がある。怒るのもアリだろう。我慢して使い続けるのも、もちろんアリだ。基本、「ミスありき」の起用なので、投手であれば打たれても仕方がないし、打者であれば打てなくても仕方がないと思っている。

僕としては、そこで成長してくれればいい。だから、押し出しサヨナラで敗戦投手になった若手がいたら、あえて同じようなシチュエーションで登板させることもある。

サヨナラ負けを喫したらかなり悔しいが、若手を起用した時点で、そうしたリスクはすでに考慮している。次に大切なのは、自信を回復させられる場面を用意することである。これは「セカンドチャンス」という意味もある。一度は失敗したけれど、そこから学びを得て、同じようなシチュエーションでしっかりと抑えられれば大きな自信となる。

もちろん、選手にはプレッシャーがかかる。同じようなところで同じミスをしてしまったら、もう二度とチャンスはないかもしれない。その気持ちは、僕にはよく分かる。チームのクローザーとしては3回連続での失敗は許されなかったからだ。

投手にとって大切なのは、このプレッシャーと付き合い、手なずけることだ。この重圧を乗り越えるか、乗り越えられないかということは、投手としてプロで生きていくためには大きな境目になる。

選手に対してはプレッシャーになるかもしれない。しかし、余裕を持たせて起用した後、必ず訪れる失敗に向き合うことが、成長には絶対に必要だ。たとえ、一度失敗したからといって、僕たちは見放すことはない。

ただしミスが続き、なおかつこちらが思ったような成長が見られない場合は、どこかで線を引き、もう一度ファームで頑張ってもらうという選択をしなければならない。

メディアの中には、選手のミスを指摘する人も多い。人気のある球団だと、選手はそうしたプレッシャーにも対処していかなければならない。スワローズについては、球団の歴史も含め、「若いから失敗もある」という論調になるのはありがたいと思っている。その意味では、周辺の環境も含め、スワローズの選手たちの成長を促してくれているようだ。

みんな一丸となって、若い人の可能性を広げたい。それが未来のスワローズにつながる。

第7章

若手の成長について僕が考えていること――野手編

8つしかないポジション

第6章では若手の育成を投手の面から考えてきたが、次は野手の方に目を向けてみたい。

投手は先発、ブルペンなどいくつかに職種が分かれており、配置転換によって実力を発揮できる場合もある。それに対して野手はポジションによってはかなり競争が激しくなる。

まず、捕手は1つしかポジションがなく、古田さんのように長くマスクをかぶる人もいる。古田さんは1990年に入団し、2007年に引退したが、18年間のうち14年は100試合以上に出場していた。素晴らしい捕手を得たスワローズは恵まれていたといえる。

内野手は時代とともに役割が変わりつつあるかもしれない。一塁手と三塁手は「コーナー」を守り、ある程度長打力が期待される。いま、スワローズはオスナ、村上宗隆と願ってもない打者がコーナーを固めている。二遊間は守備が重視されるが、スワローズは二塁手に山田哲人という走攻守三拍子そろった選手がいることで、このポジションでアドバンテージをつくってきた。

外野手は外国人選手が守ることも多く、シーズンごとに陣容を見ながらレギュラーを決めていく。控えであっても、守備・走塁のスペシャリストであれば出番を得るチャンスは増える。塩見泰隆が台頭してきたのも速さ、そして守備範囲の広さが売りで、そこから総合力を増していった。

いずれにせよ、選手の数に比べてポジションの数が少なく、レギュラーになれるチャンスも少ない。本来は使ってみたい選手でも、なかなか出番を与えられないケースもある。

そうした状況を球界として打開するために、２０２２年から現役ドラフトが始まった。もともとはメジャーリーグで「ルール５ドラフト」というものがあり、なかなか試合に出られない選手に対して、他球団でプレーするチャンスを与える仕組みである。日本でも選手会が主導して、出場機会に恵まれなかった選手が、新天地で活躍できるチャンスを増やす目的で始まったドラフトだ。

選手がより良い環境で野球をプレーできることがいちばんだと思っているので、ひとりでも多くの選手が新しい球団で一軍に定着し、レギュラーを取ってくれればいい。このドラフトでは、渡邉大樹がスワローズからバファローズに移籍した。彼のことは二軍監督時代から見ていて、一軍でも守備固めで貴重な役割を担ってくれた。強肩が持ち味で、打撃の技術は改善すべきところもあるが、魅力のあるバッティングを見せてくれた。

彼の力を引き出し切れなかったのは悔やまれるが、バファローズでぜひとも活躍してほしい。

長岡抜擢の裏側

2022年、野手では長岡秀樹が大ブレイクした。キャンプインの時はまったく無名の若手が、シーズンが終わってみたらゴールデン・グラブ賞を受賞したのだから、監督の僕としてもうれしいし、驚いてもいる。

振り返ってみると、長岡は「運」にも恵まれていた。キャンプインにあたっては、一軍の浦添組と、二軍の西都組への振り分けがある。当初、長岡は西都に行く予定になっていた。ところが、村上が新型コロナウイルスに感染し、一軍の内野手の枠が一つ空いた。誰を上げようかとなった時に、名前が挙がったのが長岡だった。つまり、1月下旬の段階で、長岡は「ボーダーラインの男」だった。

キャンプに入ってから分かったのは、打席での長岡は思い切りがいいということである。とにかく初球からぶんぶん振り回していく。空振りしたとしてもスイングが強く、相手バッテリーが「当たったら嫌だな」と思うタイプだった。

そのうち、ショートのポジション争いが混沌としてきて、長岡にもオープン戦に出るチャンスが増えていった。そこでも打つ。そうやって長岡は開幕戦、6番ショートで先発出場をもぎとったのだ。しかも開幕戦で4安打。ダグアウトでコーチ陣と、「長岡って、こんなに打つの?」というような会話を交わしたほどだ。なにか「持っていた」としか思えない。プロ野球で長く活躍する選手というのは、こうした「ワンチャンス」をモノにできる選手なのだろう。

もちろん、長岡にはミスもあった。開幕戦では、強い打球をうまく処理していれば……というゴロもあり、記録には表れないミスが失点につながってしまった。ただ、僕は「高卒3年目のショートだから、できないこともたくさんある」と考えていた。その後も、春の間は強い打球に対する処理に甘さが見られたのも事実だ。

ところが、長岡はシーズンが進むにつれて、グングンうまくなっていった。内野守備コーチとも話したのだが、「若手はプレーする機会が増えれば増えるほど、うまくなる」のは間違いない。この法則は、プロに入ってから内野手にコンバートされ、三塁に固定したのが2021年シーズンの序盤だった村上にも当てはまる。最初はハラハラだったが、いまではずいぶん安定してきた。

もうひとつ、長岡は頑丈だった。夏場に新型コロナウイルス陽性による欠場はあったもののの、139試合も先発で出場した。長いシーズンを戦ったことのない若手の場合、夏場の暑い時期に入ると、試合前の練習段階から「動きがちょっと悪いかなあ」という時がある。長岡にもキツい時期はあったのかもしれないが、そうしたことを表に出さず、年間を通じて安定した力を発揮してくれた。体が頑丈なだけでなく、おそらくコンディションにも気を配っていたのではないか。

体が強ければ、うまくなれるチャンスは飛躍的に増える。プロ野球の仕事は、試合に出続けることだけではない。試合前の守備練習でノックを受けることもその一部だ。夏場のノック、そしてレギュラーシーズン、緊張感あふれるポストシーズン、そうした時間をすべてこなしたからこそ、長岡は大きく成長できたのだ。ちなみに体の強さという点は、同じく2022年にブレイクした投手の木澤にも共通している。

2022年の秋、秋季キャンプで長岡のフィールディングを改めて見た時、彼の成長に驚いた。捕球までの型がしっかりしていて、捕球からスローイングまでの動作がきれいだった。「あ、これはゴールデン・グラブを獲るの、当たり前だ」と思った。守備力に関しては、長岡はわれわれの想像を超えた成長を見せてくれた。

長岡を呼び出した日

長岡の背番号は、2023年から7番に変わった。実力でレギュラーを勝ち取ったことと、期待も込みでひとケタの番号をつけることになった。

長岡にとって、2022年は満点のシーズンだったと思う。それでもある日、彼を監督室に呼び出したことがあった。

すでに書いた通り、僕は選手に対してコーチの頭を飛び越して直接話をすることはほとんどない。ただし、2022年のシーズンには、わずか数度だったが「これだけはどうしても自分が直接、選手に聞いておいた方がいいな」と思ったことがあった。その相手は若手に限られる。中堅以上の選手たちに、監督があれこれ言う必要もない。

7月の試合だったと記憶しているが、相手の変化球が決まらずにカウント2ボールナッシングになった場面があった。次の球は、なにが来るか一目瞭然だ。打者はストレートを待っていればいい。そして、ストレートが来た。

ところが、長岡はバットを少し動かした程度で、見逃してしまった。

狙い球が絞れる場面だから、ここは強振してほしいと思っていた。思い切りの良さ――それが長岡がレギュラーを勝ち取った大きな要素でもあったからだ。

試合後、滅多にないことだが、僕は長岡を監督室に呼んだ。

「岡ちゃん（長岡のニックネーム）、あの打席の3球目、絶対にストレートが来ると分かってたでしょ？　あそこはどういう考えだったの？」

彼の真意を訊いてみた。

僕としては、なにかスイングをしない理由があったのか知りたかった。すると、「合わせにいったというか、タイミングを計りにいってしまいました」という答えが返ってきた。その答えには、いろいろ思うところがあった。集中できていなかったのか、迷いがあったのか。本当のところは分からないが、結果として中途半端になったのは否めない。僕は監督として長岡にメッセージを伝えた。

「今日のことは分かったよ。ただ、フルスイングすることを忘れないでほしい。岡ちゃんが何個エラーしようと、打率が1割台になろうと、俺は使うから。岡ちゃんはフルスイングしてボールが当たれば、ライト線にカーンと打てる。だから、あのカウントになって、タイミングを計りにいくとか、いまの段階では求めてない。思い切り振った結果、凡打に終わることを恐れないでほしい」

僕はこうつけ加えた。

「フルスイングできなくなったら、外すからね」

そこで、長岡に約束した。フルスイングし続ける限り、起用し続けると。

「空振りでもいい。ファウルになってもいい。それでもいいからフルスイングしなさい。思い切ってバット振ってきなさい。それが岡ちゃんの仕事」

そして、監督室で初めてＬＩＮＥのＩＤを交換した。

後半戦、長岡はその約束を守ってくれた。数字としては、打率・２４１、出塁率・２７３、本塁打は９本で、ＯＰＳ（出塁率と長打率の総和）も・６１０に落ちついたが、相手の配球を読みながらフルスイングしていこうという姿が見えた。また、際どい球についてはカットしながら粘ることもできるようになっていった。長岡は成長した。

長岡は四球が少なく（たしかに前半戦での四球数はわずか2個）、出塁率が低いと解説者のみなさんに指摘されることもあるが、８番打者だからそれでいいのだ。

二死ランナーなしの場面で長岡が四球を選んだところで、次は投手が打席に入るのだから、チャンスが広がる確率は少ない。そんなことより、フルスイングしてホームランが出た方がチームとしては、はるかに良い。

今後は打率、本塁打の数もアップさせ、打順を上げていってほしい。そうなれば、自然と役割が変わり、数字も変化するだろう。しかし、8番に長岡を置く限り、とにかくどんどんバットを振ってもらいたい。

長岡との面談を通して分かったのは、「若手とは一対一で話し合った方がいい場合もあるんだな」ということだ。

一軍に定着したばかりの若手は、いつも一生懸命に練習し、必死にプレーするので、調子の良し悪しや、なにを思っているかが分かりにくい。「いつも元気だな」と思うくらいだ。

その点、ベテランは、顔が下を向いているなとか、いまは気分が良いんだなとか、ジェスチャーや表情からいろいろな情報を読み取ることができる。

長岡と話したことで、懸命にプレーしている中で迷いが生まれることも再確認できたし、彼も自分の持ち味に自信を持てたのではないかと思う。

内山壮真のチャレンジ

2022年のシーズンには、長岡の他にも試合後に一対一で話し合った選手がいた。内山壮真である。

長岡には強い言葉でフルスイングを求めたが、その日マスクをかぶった内山には、配球の意図を確かめたかった。あの場面ではどういう配球を考えていたの？　という感じの話し合いだった。

この内容について詳しく書くことはできないが、この時の面談で分かったのは、内山は話し方が極めて論理的だということだった。パッと質問をすると、即座に答えが返ってくる。その場で考えているのではなく、試合中に考えていたことを記憶の引き出しからすぐに出してくるのが分かった。内山の発想が正解かどうかはともかく、論理的に説明できる能力は、捕手に向いていると改めて思った。

2022年は中村悠平が下半身のコンディション不良で開幕に間に合わなかったこともあり、古賀優大と内山を正捕手として起用する機会が増えた。その中のある試合で疑問に思ったことがあったので、呼び出して質問してみたのだ。いい話し合いになったと思う。

このシーズン、投手コーチと相談して内山を石川雅規と組ませるようにした。石川は1980年の早生まれ、内山は2002年生まれの「Z世代」、年齢差22歳のバッテリーである。

ここからは「バッテリー論」になるが、バッテリーには投げ手と受け手がいて、その関係性は「頼る人」と「頼られる人」に分かれる。そしてなんとなく、どちらかが主体になっていくものだ。

僕の現役時代は、古田さんに頼りっぱなしだった。僕は配球のことはなにも考えず、古田さんの要求通りの球を投げることに集中できた。時間の経過とともに、ふたりが共有するビジョン、プランが一致していったからできたことだ。

いまのスワローズでも、中村悠平を頼っている投手はやはりいる。中村に対する信頼感は厚い。

石川と内山のバッテリーについては、石川にグイグイ引っ張ってもらうことを期待するというより、内山が捕手として大いに勉強になると考えた。石川と組んだ場合、あらゆる要素を考慮してリードしていく必要があるためだ。

たとえば、高橋奎二と内山が組んだ場合、高橋の球威がマックスに近い日であれば、あまり考えないで済む。追い込んだら、ストレート、あるいはキレッキレのカーブを要求しておけば間違いないからだ。

石川と組んだ場合は、「配球」「伏線」といったストーリーが必要となる。球の威力ではなく、頭脳で相手を打ち取るケースが増えてくるので、石川と内山の共同作業が多くなる。それが捕手・内山にとって、大いにプラスになると思ったのだ。

内山のブループリント

その内山に、２０２３年からは新たなチャレンジに取り組んでもらっている。

内山は身長１７１センチと、プロ野球選手としては小柄だが、日本シリーズ第２戦で代打ホームランを放ったように、勝負強さ、パワー、配球の読みに大いに将来性を感じさせるので、数年後に正捕手になれるよう、育成したいと思っている。

ただし、捕手のポジションはひとつしかない。スワローズの正捕手は侍ジャパンにも選ばれた中村で揺るぎはない。２０２１年以降、30歳を超えてからの中村の成長度合いには、僕もびっくりしているほどだ。

球団としては中長期的な視点を持ってマネージメントしなければならないから、内山が正捕手になるための準備も進めていく。

青写真としては、内山を打てる捕手として育てる。クリーンナップを打ってほしいし、下位からチャンスが回ってきた時の１、２番だってあり得るかもしれない。今後、どういう段階を踏んでいけば、そうしたイメージ通りに成長してくれるだろうか？　ということを編成、コーチたちと一緒に考えている。

そこで必要になってくるのは「逆算」だ。

たとえば、2028年に内山にはどんな選手になっていてほしいか。正捕手としてマスクをかぶり、古田さんのように3割をコンスタントに打つ打者になってほしいし（古田さんの記録を改めて調べると、2年目に打率3割4分で首位打者、通算で9度の3割をマークしている。すごいとしか言いようがない）、欲をいえばホームランも20本を超えてほしい。

では、5年後にその域に達するためには、3年後にはどんな形になっていればよいか、来年は、そして今年はどうする？　というように成長パターンを逆算して考えていく。

内山のプランを考えるにあたって難しいのは、捕手という仕事の特殊性だ。捕手はたったひとつしかポジションがない。しかも、試合に出ていないと上達しづらいのだ。そこで、いくつかの育成プランを考えた。

・一軍の控え捕手としてベンチに置く。少なくとも週に1度は先発マスクをかぶる機会をつくる

・二軍に置き、毎試合先発出場させ、捕手としての経験を積ませる

どちらも正解になり得るし、どちらがいいかは球団の事情による。実際、2021年は二

軍で経験を積んでもらったが、2022年には内山のバットが一軍にとって必要なものになっていた。スワローズの弱点として右の代打が不足しており、内山は必要な戦力になっていたのだ。

一軍には必要。しかし、キャッチャーでは出場機会を増やせない。「5年計画」を実現させようとすると、このパターンでは成長を促せないと考えた。

そこで出てきたのが捕手と外野手の「二刀流」だった。

二刀流の実践

内山は星稜中学時代には捕手で、星稜高校に進学した時点で、先輩に山瀬慎之助（現・ジャイアンツ）がいたため、1年生からショートにコンバートされた。2年生の夏の甲子園では奥川恭伸がエースで、内山は3番ショートで決勝まで戦って準優勝し、2年の秋に捕手に戻っている。

そうした成長パターンを経ていたので、2021年頃には、なにを隠そう、僕は捕手と遊撃手の二刀流起用を考えていた。しかし、2022年に長岡秀樹が遊撃手に定着したので、このプランはなくなった。

しかし、長岡の成長ぶりからヒントが得られた。

やっぱり、出続けた選手はうまくなるのだ。

内山の出場機会を増やすにはどうすればいいか？　外野だったらチャンスがあるかもしれない。では、捕手と外野手の二刀流はできないか？　そう思いついたのである。

そこで内山を外野と捕手の二刀流でプレーさせることを編成に提案した。それはあくまで内山を将来の正捕手として育てるためである。ただし、中村だって黙っていないだろうし、外野手としても自らの沽券に関わる問題だ。とはいえ、またとない素質を持った選手だから、球団として二刀流に取り組んでいこうということになった。

内山の負担は増えるが、この時期に捕手として、そして打者として一軍の投手の球を数多く見て、経験を積んでもらう。それが数年後の大きな成長につながると考えている。

それは村上が、2年目の19歳から一軍に定着して打席を積み重ねていったことで、5年目の三冠王獲得につながったことでも証明されている。また長岡も、3年目にレギュラーとして定着したことで、20代中盤にさらに飛躍する機会を得られると思っている。

二軍監督、そして一軍監督を務めて分かったのは、若手の野手にとって一軍の経験はすべて肥料になるということだ。場数を踏ませることがもっとも重要で、ミスをしてもいい。守備、走塁、送りバント、いろいろなミスが多発する。しかし、それがすべて栄養になっていくのだ。経験値はそのまま成長へとつながる。

ところが、投手はそうはいかない。一軍のマウンドに上がって失敗したとする。たとえば、ボールを連発してストライクが入らない、大量点を与えてしまった——。こうした経験によって精神的なダメージを負うことがある。だから、若手を一軍で登板させる場合は、それなりに状況を整える必要があると思っている。

高卒の投手の場合、勝ち負けには関係のない場面とか、レギュラーシーズン終盤の試合とか、過度な責任を負わないシチュエーションでの登板を考える。一方、大卒、社会人出身の投手は別である。彼らは即戦力として期待されているわけで、余裕を持った起用はなかなかできない。

古田さんが内山に指導する意味

２０２３年のキャンプで古田さんが捕手陣を指導するにあたり、内山を二刀流にすることを伝えたら、古田さんがガッカリしてしまうのではないかと僕は心配していた。

古田さんとキャンプのプランを打ち合わせする時に、「実は、壮真なんですが……」と話を切り出すと、「それはめちゃくちゃいいアイデアだよ」と賛成してくれた。ものすごくホッとした。そして古田さん自身の考え方も教えてくれた。

「将来はもちろんキャッチャーだろうけど、やっぱり試合に出ない限り、うまくならないからね。一軍のピッチャーの球を打席で見ないと打てないし、うまくならない。二刀流は内山の可能性を広げることになるから、どんどんやったらいいよ」

ありがたい言葉だった。キャンプに入ると、古田さんが内山にいろいろなことを伝えているのが目に入ってきた。

内山は、高校では2年の秋からしかマスクをかぶっていないし、コロナ禍だったため、3年生の時は対外試合の経験も少ない。だから、捕手については知らないことだらけだと思う。ひょっとしたら、古田さんにとって当たり前のことでも、理解できないことがあるかもしれない。もしそうだったとしても、勉強のひとつだと僕は思っている。

若手にとっては、知らないことを知ることが勉強になる。われわれが常識だと思っていることを、あえてかみ砕いて説明する必要はないと思う。理解したいなら、勉強するはずだ。そこで疑問を放置してしまう選手に未来はない。コーチたちからすれば、このレベルまで上がってこい——というメッセージなのだ。

２０２３年、内山には大いに経験を積んでもらい、将来へ向けての布石を打ってほしい。また、内山が外野を守ることで、他の選手たちの意識にも変化が起きることを期待している。危機意識を持つ選手もいるだろう。そうやって個々人の能力がアップしていけば、強いチームをつくることができる。

２０２３年の開幕戦で、内山はライトで先発出場した。ヒットも出た。チャンスでの凡退もあった。学んでくれればそれでいい。そしてライトで、レフトで、内山は好捕を見せている。彼の持っているポテンシャルを、ファンのみなさんは目撃している。

内山の二刀流は、僕らなりのチャレンジである。成功させる自信もある。選手の可能性を大いに広げるケーススタディにしたいと思っている。

第8章

成長するために必要な力

若手に望みたいこと

ここまで木澤、長岡、内山の若手の育成プランと、彼らの成長について書いてきた。

彼らに共通するのは「欲」が大きいということだ。うまくなりたい、野球のことをもっと勉強したい、そしてプロ野球で成功したいという欲と向上心がある。

僕が若手の選手たちに望むのは、もっと貪欲に野球の勉強をしてほしいということだ。野球はとてつもなく深い競技だ。単純に打った、打たれたではなく、結果に至る理由が必ずある。「どうして、こういう結果になったんだろう?」という疑問を大切にして、野球を深く学んでもらいたい。

野球は奥深いものだから、考えれば考えるほどいろいろな発見がある。「いいところに投げたのに、相手がいい打者だったから打たれてしまった。仕方がない」と捉えるのではなく、その結果に至る伏線に目を向けてほしい。初球にこういう入り方をして、こういう球を投げたから、結果としてこうなったという「流れ」が、すべての打席で必ずある。

野球に限らず、スポーツには流れ——英語でいうところのモメンタムという目に見えないものが存在する。「流れ」という便利な言葉で片づけてしまいがちなのだが、考えていくと、必ず原因がある。結果球に至るまでのプロセスに伏線があるのだ。

バッテリー間だけでなく、たとえば内外野の間に落ちるポテンヒットを打たれた場合、ベンチワークの読みが甘かったということもある。相手打者のことを知っておけば防げたかもしれない。これは野球の教科書に載っている項目ではない。経験を蓄積してやっと見えてくる世界だと思う。

チャンスは平等にめぐってくるわけではない

野球には、「運」という要素も絡んでくる。自分が守っているポジションに不動の名手がいて、どうしてもレギュラーが取れなかったという話は枚挙にいとまがない。これも運の一部だと思う。

僕が野球の世界で生きてきて思うのは、チャンスは平等ではないということだ。昔、アメリカのケネディ大統領が「人生は不公平なもの（Life is unfair.）」と言ったそうだが、プロ野球でも同じようなことがいえる。

そもそもドラフトの指名順位によって契約金、年俸も違うし、一軍でプレーするチャンスも異なる。そのチームのポジションの充実度によってもチャンスは変わってくる。いまのスワローズでいえば、内野のポジションは固定されているから、ここに割って入るのは難しい。捕手に至っては12球団で12個しかレギュラーポジションはない。本当に激しい競争の世界なのだ。

実は、自分にめぐってきたチャンスはあの時の一回だけだった、ということがプロ野球の世界ではありうる。チャンスであることに気づかない選手は、その後もチャンスをモノにできない。「ここしかない」と思って、必死にプレーしていれば結果に結びつく可能性も高まる。

若手の場合、シーズンに一度しかチャンスがなく、そこで結果を残せなかったら、それを持ちかえって学びにすればよい。

その時に必要になってくるのがコーチの目線である。失敗を学びに変える手段を、コーチたちはたくさん知っている。

いま、世の中の流れとして、選手たちが「自ら気づき、自ら学ぶ」姿勢が重視されている。受け身ではなく、自ら動いて学びを得る。高校野球でも、この流れを重視している学校が多くなってきた気がする。

気づきを促すために、コーチたちはヒントとなる言葉を与える必要がある。古田さんの木澤に対する「ど真ん中に投げてこい」という言葉は、その最たるものである。

古田さんのコーチングが効果的だったのは、そのアドバイスが実際にキャッチングをして生まれたものだったからだ。実際に球を受けた百戦錬磨の古田さんが太鼓判を押してくれた。選手にとってこれほど自信になることはないだろう。

もちろん、自ら気づくように仕向ける方法もあったかもしれない。「自分のツーシームを生かすには、どんなコースに投げればいいと思う?」と質問するのだ。木澤は賢いから気づいたかもしれない。しかし、それだと2022年の開幕に間に合ったかどうかは分からない。

書き方が難しいのだが、気づきを促すことにとらわれすぎると、選手がかえって回り道をしてしまうこともあるのではないか。それならば、昔ながらに肩や腰に手を当てながら、「この時は、この部分をこう動かす」といった直接的なティーチングも有効な気がする。高校を卒業して2、3年目までの選手であれば、成長を促すために、コーチたちが手取り足取り教えることも大切だと思う。野球における学びは、体験から得られることが本当に大きいのである。

いずれにせよ、チャンスやコーチの言葉などに、選手自身が敏感であるか鈍感であるかが、その後の成功や失敗につながっているように思う。

「ヤング・スワローズ」の躍進

言葉の使い方ひとつで選手の成長速度が変わるとなると、言葉選び、話す時の口調やトーンも大切になってくる。質問形式で気づきを促すのか、断定的な口調で自信を持たせるのか、いろいろな考え方がある。

いま、スワローズでブレイクスルーが近づいている選手が多いのは、コーチたちが適切な指導をしているからだと思う。「ヤング・スワローズ」という言葉がメディアで使われることも多いが、若手がチーム内競争を促し、活気づけているのは間違いない。

コーチたちの役割は、「いかにして選手に自信を持たせられるか」に尽きると思う。20代前半の選手ならば、特色や持ち味にフォーカスして、その能力を引き上げる。それにつれて、他の能力も上がっていくのが成長のパターンである。どう自信を持たせるのか。どう気づかせるのか。どうやって導くのか。時には、どう背中を押してあげるのか。

コーチたちと一緒に、いい言葉を選んで成長を促すことが、僕たちの大きな仕事である。選手たちは成長していくから、われわれも成長しなければならない。今年よりも来年、来年よりも再来年というように、成長を促していくには、指導者としての視点と言葉を磨き続ける必要がある。

多彩な視点

多彩な視点を持つコーチをそろえることは、組織にとっての生命線になる。

コーチが10人いれば、10通りの考え方がある。人間の集まりだから、いろいろな思いがある。それが多彩な視点となり、選手の成長にプラスに働いてくれる。

僕がコーチたちに求めるのは、野球というゲームそのものへの情熱と、選手と同じテンションで仕事に臨んでほしいということだ。ハイレベルの熱量で、コーチ全員でひとりの選手をいろいろな角度から見ることができれば、強い組織になれる。

また、コーチ同士の関係性も重要だ。

たとえば、スワローズ一軍の投手コーチは、伊藤智仁、石井弘寿、僕の３人（前述のように、僕自身も投手コーチにカウントしている）だが、そこでいい関係性を築くことも、選手を育てていくうえで大切だと思う。マネージメントする側のコミュニケーションが不完全だと、すぐに選手に伝わるし、指導の一貫性が損なわれることもありうる。

育成する側の関係性もひじょうに大切なものなのだ。

スランプの時のアドバイス

ここまで選手の成長を前提とした話を書いてきたが、プロだってずっと調子がいいということはあり得ない。調子とは主に、体の動き、投げることや打つことのフィーリングを指す。僕の現役時代から、「調子がいい期間って、どれくらい続く?」ということが話題になってきたが、好調が持続するのはだいたい2週間前後のようだ。そこから下り坂になり、底を打って、また調子が上がってくる。好調と不調を繰り返しながらシーズンを戦っていくのだが、プロで長く活躍できる選手は、この振れ幅が少ない。

不調=スランプはプロとしての宿命だが、若手はどうしても振れ幅が大きくなる。若い選手たちはスランプに陥ると、たとえば打者だったら、スイングの回数をはじめ、練習量を増やして事態の打開を図ろうとする。打撃コーチもアドバイスをして修正しようとするが、不調の原因は必ずしも技術的なことばかりではない。精神的なものが関係するケースもあり、そうなると解決に時間がかかることもある。

たとえば、チャンスで打席に立ったとする。好調の時は楽しくて仕方がないが、スランプの状態だと、焦りや力み、あるいは緊張といったネガティブな感情が出てきて、自分の足を引っ張ってしまう。

これまで何人もの選手がそういった状態になるのを見てきたので（もちろん、投手にもある）、なにか効果的な言葉をかけてあげたいと思うのだが、なかなか見つけられないでいる。気持ち良く打席に立たせたいあまり、かえって余計なことを言ってしまうこともある。我慢してなにも言わず、本人に任せた方が良いのかもしれない。

同じ若手でも、村上のようなチームの中心選手となると、また話は変わってくる。調子が上がってこないことがあっても、スワローズの4番打者なので、指導陣から手を差し伸べるのはかえって野暮である。プロの世界では、一流選手であればあるほど、スランプは自分で解決していかなければならない。

新人からチャンスをつかんでレギュラーになり、オールスターに選ばれるような一流選手は、自分で問題を特定し、それを解決する手段を持っている。スワローズでは、小川泰弘が課題解決がうまい。彼は数々のスランプを克服してきた。

プロ野球の世界では、自分に降りかかってくる課題は年々変化していく。それに柔軟に対応できる力があってこそ、チームの顔になれる。

成長する選手

いまでは、スランプに陥った選手に対するコーチのアプローチも変わってきた。たとえば、動作解析によって、状態が良い時と悪い時の比較もできるようになった。投手であれば腕の角度、打者であればスイングスピードに調子の良し悪しが出ている時がある。

スイングスピードが鈍っているのは、どこかに痛みがあるのか、それとも全体的な疲れなのか、選手と話し合って解決の糸口をつかむ。疲れているなら、練習を軽めにするなどの方策を採ることができる。

このように、コーチたちは多彩な視点を提供するのが仕事だが、選手たちに与える情報量は加減をしなければいけない。なんでもかんでも伝えればいいというものではない。

高校を卒業したばかりの選手にハイレベルな情報を入れても、きっと消化し切れないだろう。個々の経験値に合わせて、インプットする情報量を調整していく。

長くプロで活躍する選手の特性として挙げられるのが、「受容性」だ。

コーチに提供された多彩な視点を、自分の中でうまく消化できる選手と、消化に時間がかかる選手がいる。また、過去の自分の成功にとらわれ、なかなか新しいことに踏み出せない選手もいる。スワローズのコーチ陣は、選手の能力向上に関して前向きなアドバイスを心がけているので、選手たちには素直に聞いてほしいと思っている。

その手本となるのが、先ほど名前を挙げた小川泰弘だ。小川は２０２２年のシーズンに、時折、スローカーブを交え、カウントを稼ぐ球にしていた。

「打者心理として、スローカーブはなかなか手が出せないんですよ。打ち損ねてしまうと、すごく後悔するので」という話を打撃コーチから聞いたことがある。たしかに、タイミングを外されてボールの上っ面を叩いてボテボテの内野ゴロというのはよくある。「もったいなかったなあ……」と打者は悔やむ。

小川がこのボールを実用化したのは、コーチからのアドバイスがあったからだろう。小川の場合、コーチの助言を聞くだけでなく、必ず試している。吸収する意欲が強いからだ。指先が器用なこともあり、新しい球種に関しても、すぐにそれなりのボールを投げられるようになる。そうしたプロセスを経て、試合で使えるかどうかの見極めをしている。つまり、実用化したスローカーブの陰には、たくさんの「捨てたもの」があるのだ。

球種だけではない。盗塁を防ぐためのクイックモーションも年々進化してきた。小川は「ライアン」というニックネームがつけられるほど、左足を高く上げるダイナミックなフォームが特色だが、フォームが大きいだけに、盗塁阻止が課題だった。小川は研究を欠かさず、コーチたちからの助言を積極的に聞き入れて、いまではいちばんクイックが上手な投手になった。

試す力

小川は、「聞く」→「試す」→「取捨選択する」という一連の過程をずっと繰り返してきた。だからこそ長年にわたって安定した成績を残すことができ、プロとして成功した。小川のように手本となる選手がいるのもスワローズの財産なので、若手には彼のチャレンジ精神をぜひとも見習ってほしい。

30代に入っても選手は成長が可能だということを、小川は証明している。それは、20代に様々なチャレンジをしたことが土台になっていると思う。選手は誰しも、30代に入るとフィジカル的な成長は鈍くなってくるが、小川のように20代に培った引き出しが多ければ、応用が利き、成長していくことが可能だ。

人にはそれぞれ成長曲線があるが、20代はビューンと急上昇のカーブを描くことが多い。いまのスワローズでいえば、長岡や内山が右肩上がりの成長を続けている。

最近の野球界では打撃フォームの改造によって急に開眼する選手もいる。これまでの常識が覆されることも起きている。監督、コーチは、成長曲線に様々なパターンがあることを理解したうえで、指導にあたる必要が出てきた。

プロの世界は、毎年、何人かの選手が引退し、ドラフトで指名された選手が入ってくる。成長曲線は選手の数だけある。成長を見逃さず、適切なチャンスを与えるようにしていきたい。小川のように試す力を持っている選手は、成長するチャンスを秘めている。

育成に必要なのは、指導者の我慢

最終的に選手を成長させるために必要なのは、指導者の我慢や忍耐力だと思う。僕は、そのことを高橋奎二から教わった。

高橋は２０１６年に入団してきた。その時、僕は一軍投手コーチで、「今度入ってきた高橋は、ものすごい球を投げる」という報告を受けていた。実際、二軍の初登板で素晴らしい投球を披露したのだが、その後に上半身のコンディション不良に見舞われた。出力が大きい分、反動も大きかったのだ。

２０１７年に僕は二軍監督となり、高橋を戸田のグラウンドで見るようになった。

高橋は繊細な投手だった。技術的に一つひとつ引き上げてきたものが、ある時を境にできなくなってしまう。精神的に充実していたのに、ある試合をきっかけに落ち込んでしまう。本人がつらい思いをしているのを、僕は間近で見ていた。

とてつもないポテンシャルを持っている投手だけに、なんとかしたいという思いでいっぱいだった。2歩進んで1歩下がる。あるいは3歩進んだのに、5歩下がるような時もあった。すんなり成長曲線を描けないもどかしさを感じていたが、結局は我慢するしかないと気づいた。最良の育成プランをつくったうえで、高橋自身がどこまで吸収し、成長につなげられるかを見守るしかなかった。

ようやく一軍で投げられるようになり、登板間隔を空けながら、ローテーションの一角を担ってくれるようになった。2021年は、高橋のピッチングがなければ日本シリーズで勝てなかっただろうし、2022年シーズンも、新型コロナウイルス感染による離脱がありながらも、25歳にして心身ともに良い状態で過ごせたのではないかと思う。

そして2023年には、WBCで登板するまでになった。高橋本人の意欲、諦めない姿勢が、日本を代表するストレート、カーブを生み出したのだ。

指導者は我慢強く、選手たちの「レジリエンス」――逆境から這い上がる力を見守りたい。

第9章　技術を伝える

レジェンドの知恵を集める

前章まで若手の育成にあたってのブループリント、選手それぞれによって異なる成長曲線などについて書いてきたが、この章では「教える側」の考え方について述べたい。

プロ野球の世界とは、「技術対決」の場である。バッテリーと打者の対決、守備の巧拙、そしてベンチワークを含めた総合力を143試合を通して競っている。

ポストシーズンは、一試合、一試合、よりシビアな技術対決が繰り広げられる。日本シリーズは7試合制だから、両軍の実力が連戦によってあぶり出され、そこで自分たちの強みや弱点を改めて認識する。

日本のプロ野球の世界は1934年に誕生して、1950年にセ・パ2リーグ制となり現在に至る。かくも長い歴史の中で、僕たちは先輩たちから技術を学び、いま、後輩たちに技術を伝承する仕事をしている。

現代野球は、たしかに変わった。ビッグデータ、映像解析などが現場に取り入れられるようになり、技術指導のアプローチも変わりつつある。しかし、不変のものもある。

野村克也監督が教えてくれた、0—0から3—2までの12通りのカウントに対する考え方はいまだに有効だし、ストライクゾーンを細かく分割して制球力を高め、バッテリー間でも細かい配球を心がけることは野球の真理といってよい。「昭和の野球＝古い」という単純な見方は間違っている。野村監督が深掘りした野球の哲学は、スワローズの後輩たちに伝えていきたいことのひとつだ。

僕は常々、スワローズでプレーしたＯＢの存在は大きな財産だと思っていて、その技術や野球哲学を若手に伝えたいと考えてきた。加えて、スワローズＯＢは球団に対する愛着が強く、ユニフォームを脱いでからも応援し優勝を願ってくれている。

そうした先輩たちの知恵を借りない手はない。ということで、球団の理解を得たうえで、２０２２年のキャンプからは古田敦也さんに来てもらい、２０２３年からは真中満にも加わってもらった（彼は後輩なので、こう書かせてもらいます）。

僕はアメリカのスプリングトレーニングで、レジェンド級のＯＢや、引退したばかりの人たちがキャンプ地のアリゾナにやってきて、選手たちの手伝いをするのを見てきた。ノックを打ったり、球出しをしたり、それが本当に楽しそうだった。もちろん若手はリスペクトを持って接していたし、「ファミリー感」にあふれていた。そういうチームのあり方に感銘を受けたので、日本のキャンプでも、解説者という立場ではなく、コーチのひとりとしてＯＢ

に来てほしいと思っていた。

2023年のキャンプが始まると、球団社長が感慨深そうに言った。

「今年のキャンプは、歴代監督が4人そろってるね」

古田さん、真中に加えて、前監督でいまはゼネラルマネージャの小川淳司さん、そして僕の4人がキャンプ地の浦添に集まったのである。これはなかなか珍しいことだ。監督経験者が連係して選手たちを育てる体制ができているのは、スワローズの強みである。

レジェンドの視点

古田さんと真中の野球に対する視点は、選手たちに新たな発見をもたらした。もちろん、僕を含めコーチングスタッフは野球のことを広く深く考えて生活しているのだが、ずっと一緒にいると、発想の傾向が似てきてしまう。コーチも無意識に「監督はこちらのアイデアの方がいいだろうな」と考えることもあるだろう。やりやすい半面、ある種のマンネリに陥りがちだ。

その点、古田さん、真中は、スワローズのことを理解しつつ、解説者として客観的な視点も持っている。僕たちも「ああ、そういう考え方もあるんだな」と気づかされることが多い。

古田さんについては木澤が成長したケースを紹介したが、捕手陣に対して、蓄積してきた知識を伝える姿を見ていると、古田さんの「根っこ」は現役時代と変わっていないなと思う。技術的な引き出しがたくさんあるだけでなく、最終的に「捕手のリーダーシップ論」に収斂《しゅうれん》していく。「最後の最後、チームを引っ張っていくのはキャッチャーだからね」というメッセージを捕手陣に伝え、発破をかけてくれている。

捕手の技術的なことは深くは分からないが、2022年に古田さんがキャンプに来てから、中村悠平の目の色が変わった。リーダーとしての自覚が強くなり、「俺がしっかりしなければいけない」「自分がピッチャーを引っ張っていかないと」という意識が明確になった。その意識改革が、WBCでの目覚ましい活躍につながったのだと思う。

ムーチョ（中村のニックネーム）は、この数年で大きく成長した。その過程を松本直樹や古賀優大、内山壮真といった20代の捕手たちも見ている。彼らのキャリア形成にも大きな影響を与えるだろう。

真中の指導ぶりもなかなか興味深かった。真中がキャンプで話していたのは、「打席での心構え、発想法」というべきものだった。漫然と打席に立つのではなく、状況、相手バッテリーの傾向などを情報として考慮しながら、狙い球を絞っていく。たとえば、「このカウントでインコースを狙うから、セカンドゴロになるんじゃないかな」といったことを選手たちに話していて、発想自体をコーチングするアプローチは、ひじょうに有効だと思った。

打撃コーチ陣は技術的なこと——たとえばインコースの打ち方などはしっかり教え込んでくれる。真中は、打席に立ってバットを振りにいくまでのアプローチを選手たちに説いていた。「発想を変えていけば、打率2分くらいはすぐ上がるんじゃないの」とか「長岡も、考え方を突き詰めていけば、すぐ2割8分打てるようになりますよ」という言葉は心強かった。現役時代の真中は、他の人とは違う発想をしていたからこそ「代打安打日本記録」を樹立できたのかもしれない。

技術の伝え方には様々な方法があると思うが、投げる、打つ技術以外に、「考え方」「アプローチ」といったアイデア系の伝承はこれからますます重要になっていくだろう。

現代野球は、データをベースにした考えるスポーツという要素が強くなっている。映像を見たり、データから傾向を読み解いたりすることも成績のアップにつながる。野球は極端にインプレーの時間が短く、考える時間が長いからこそ「頭脳トレーニング」は有効だと思う。

技術の伝承の難しさ

いまは監督として技術的な指導よりも全体のマネージメントに仕事の力点を置いているが、僕もこれまで自分が培った技術を後輩たちに伝えてきた。正直なところ、「技術の伝承」は、本当に難しい。

これまで、何人もの投手に僕のシンカーの投げ方を教えてきた。握り方から始まって、腕の振り方、ボールをリリースする時の位置や角度、指先の感覚など、すべての要素を惜しみなく伝えてきたつもりだ。それはシンカーを投げる投手の系譜が続いてほしいという願いがあるからだ。

僕のシンカーの「肝」は、ボールを横回転させることだ。教える時に、「横回転をかけると落ちるんだよ」と話すと、みんなびっくりする。シンカーは縦に落ちるので、縦回転のイメージを持っているからだ。スワローズの若手投手陣に、横回転でストーンと落ちる手本を見せると、「おっ、おー」という反応がある。スワローズだけではない。他のチームの投手にも、質問されれば投げ方を教えてきたが、なかなか後継者が出てこない。

僕の教え方が悪いのか、それとも僕の投げ方が特殊だったのだろうか。

いろいろ考えたのだが、技術の習得は最終的に「感覚」の世界になる。ボールの握り方ひとつとっても、若い投手が僕と同じように握っても、変化しないことが多々ある。指先の感覚が違うのかもしれない。

現役時代、僕はものすごく感覚にこだわっていた。とにかく抑えるために必死で、たとえば「腕の振りを5キロ速い感覚にして、実際の球速は3キロ落とそう」などと8キロの差をつけるような工夫をしていた。実際にできていたかどうかは別にして、そうした感覚を大切にして、練習で取り組んできた。

このような感覚は、数値化したり、形として伝えたりすることはできない。指導者としてはもどかしいところで、ひょっとしたら、「シンカーの技術は手取り足取り、教えられないのではないか?」と思うこともある。

こう書くと、「なんだ、教えられないんじゃないか」と意見を頂戴しそうだが、指導者として肝に銘じておかなくてはいけないのは、人間は千差万別であり、それぞれ習得の方法が違うということだ。まず、その点を認識したうえで、習得のためのアイデアを示すことが大事なのだ。

僕は、自分が培ってきた握りや指先の感覚、手首や肘の角度を実際に示すことはできる。これが土台というかプラットフォームだ。その土台に自分なりの感覚を加え、実験し、実用化してもらう。その過程で、まったく違う変化球が誕生してもいい。選手個々の特性を鑑《かんが》みながら、ヒントを与えることで十分なのではないかと思うようになった。

選手たちには、ぜひとも自分の感覚を研ぎ澄まして、プロとして食べていける変化球を身につけてほしい。

アイデアは過去の経験にある……かもしれない

変化球の習得が最終的に個人の感覚に帰結する――というのは、自分自身の体験にも拠《よ》っている。

1992年の日本シリーズで、相手の西武ライオンズの潮崎哲也投手のシンカーにスワローズ打線がキリキリ舞いさせられたのを見て、野村監督が僕にシンカーの習得を勧めたのは紛れもない事実である。しかし、習得に至るプロセスで大きなヒントになったのは、大学時代の経験だった。

僕は1987年に亜細亜大学に入学したが、2学年上、1985年に入学したサウスポーのAさんという先輩がいた。その先輩がブルペンに入る時は、これも2学年上のB先輩が捕手を務めていた。彼らのさらに2年先輩には阿波野秀幸さんがいた（現・巨人軍一軍投手コーチ。阿波野さんは1983年入学で、僕とは入れ違いになる)。

当時の亜細亜大学の左腕には技術の伝承があったのだろう、A先輩は阿波野さんが得意としたスクリューボールを習得しようと練習に励んでいた。

興味深かったのは、ブルペンキャッチャーのB先輩は、阿波野さんの球を受けていた経験があり、その球筋を記憶に留めていたことだ。B先輩は「阿波野さんのスクリューは横回転だったから、もっと横回転を意識して」と何度もA先輩に話していた。

後輩である僕は、その会話を横で聞いていて、「へえ、スクリューって横に回転しながら落ちていくのか。面白いな」と思った。

僕は当時、フォークだったら回転がなく空気の抵抗で落ちていくとか、スクリューは左投手が斜めの回転をかけるから落ちていくのだと勝手に想像していた。ところが、阿波野さんの球はきれいな横回転がかかっていたのだという。僕は先輩たちの会話を聞き、横回転の球を練習してみた。

まさに、試行錯誤だった。正直、すごく難しかった。いろいろな指の挟み方を試し、リリースポイントを探っていった。それでも縦回転したり、斜めの回転にしかならなかったりした。結局、大学時代は横回転の変化球を実用化するまでには至らなかった。

そしてプロ入り後、野村監督からシンカーを投げることを勧められた時、「あの横回転を試してみよう」と思い立った。

変化球習得の入口は、キャッチボールである。握りをたしかめ、30メートル先にいる仲間にふわーっとした球を投げる。何度も投げていると、ある時、横回転がきれいにかかった。とてもきれいな横回転だった。驚いたのは、横回転がかかった時こそ、ビュッとボールが落ちていくことだった。

これだ、と思った。そこからは体、腕、指にシンカーの投げ方を「定着」させる作業に入ればいい。横回転の握りを指に記憶させ、強く投げても回転が再現できるように練習していく。さらにはブルペン、打者を立たせての実戦形式でのピッチングなど、試合で実用化できるように磨きをかけていった。

スワローズに入って2、3年目の頃は「一軍で投げられるなら、先発だろうがブルペンだろうが関係ない」と思っていたし、このシンカーさえマスターできればプロで食べていけると信じていたから、それはそれは必死だった（こういうハングリーさも、新しい技術の習得には必要だ）。

こうして振り返ると、シンカーを投げるように促してくれたのは野村監督だが、習得のヒントは亜細亜大学時代の先輩たちの会話にあった。

もしも僕が亜細亜大学のブルペンで先輩たちの会話を聞いていなかったら、別のアプローチを採らざるを得なかっただろうし、モノにするためには、もっと時間がかかったかもしれない。ちょっとした偶然が、僕のシンカー習得の大きなヒントになったのである。

変化球には流行がある

自分で考え、試して実用化した変化球は、投手にとって一生の財産になる。プロとして生き残るための大切な技術なのだ。

ただし、僕はサイドスローだし、他の選手たちとは腕、手、指の感覚も違うし、そもそも体のつくりが異なる。だからこそ、横回転というヒントは与えられるが、その先の習得までのプロセスは、本人が試行錯誤するしかない。

大切なのは習得のためのアイデアだ。いまはメジャーリーガーが動画で握り方や投げ方を自ら解説してくれる時代だ。それを高校生が見て真似をしながら極意に近づき、実践する時代になった。教科書がたくさん手元にあるのだ。

変化球には「流行」があり、ムービングファストボール系（ストレートに近い速球で、打者の手許でわずかに動く変化球のこと）、縦の変化球、スライダー系など、時代によって移ろっていく。

２０２３年、ＮＨＫのＢＳで放送されていた「球辞苑」のパームボールの回を見ていたら、「いまは忘れられそうになっているが、もっとパームボールを投げてもいいんじゃないか」と気づいた。

僕自身は投げたことはないが、シンカーよりパームボールの習得の方が簡単なように見えた。シンカーは握りの深さからリリースに至るまで、感覚に頼る部分が多いので教えるのが難しいわけだが、パームは握りもシンプルだ。親指と小指で挟み、抜く。

日本ではかつてドラゴンズで活躍した浅尾拓也投手、ライオンズなどでプレーしていた帆足和幸投手が大きな武器としていたが、いまはカープの床田寛樹投手が実用化しているくらいだという（２０２２年シーズン、床田投手のパームは、右打者に対してかなり有効だった。左投手だからと右打者を並べて、かなり苦戦した経験がある）。

僕がアメリカに行った２０００年代は、メジャーリーグでもパームボールを有効に活用しているクローザーが２人もいた。ひとりはサンディエゴ・パドレスで活躍し、殿堂入りしたトレバー・ホフマン、もうひとりはボストン・レッドソックスをワールドシリーズ優勝に導いたキース・フォークだ。

彼らの球速は遅かった。90マイル出ていなかったと思う。ところが、腕の振りと球速に驚くほどの差があり、本当に打者たちは苦労していた。

いま、パームは「忘れられた変化球」になっているが、緩急をつけるにはまたとない球種ではないか。こうしたところに目をつけ、習得に取り組む選手が出てきてほしい。つまり、アイデアだ。

バッティングもそうだ。コーチたちはスタンスの幅やスイングの角度など、あらゆる知識を選手に伝えているが、それだけではなく独自の発想があってもいい。最終的に、選手自らがそうしたヒントを統合し、「技術」として練り上げていけば、一軍で活躍するチャンスは増えるだろう。

小川泰弘のバント

ここまで変化球の習得について書いてきたが、ちょっと変わったエピソードを紹介したい。

それは、小川泰弘のバント習得のプロセスである。小川のバントはスワローズのコーチ陣のアイデア、ヒントの結晶だからだ。

スワローズファンのみなさんなら、小川の独特なバントの構えをご存じだろう。2022年シーズン、犠牲バントの場面を迎えると、小川はバットを目線より上の位置に構えるようになった。見た目、ちょっと怪しい。フジテレビONEの試合中継で解説をしている五十嵐亮太は、それをネタにしていたほどだったが、実はこのバントの構えはコーチ陣のアイデアから生まれたものだった。

スワローズの先発投手陣は、登板日以外、毎日バント練習を欠かさない。チームの中では石川雅規が抜群にうまく、高梨裕稔、原樹理、高橋奎二なども上手だ。ところが、小川はなかなかバントの成功率を上げることができなかった。これがコーチ会議で議題となった。バントについては、基本的に打撃コーチの管轄だが、守備コーチ、バッテリーコーチもプロとして打席に立ってきたから、バントについてはそれぞれに感覚を持っている。ならばいっそのこと、コーチ陣みんなでアイデアを出し合おうということになった。

そのコーチ会議は本当に勉強になった。最年長の杉村繁さんはバントの仕方が巧みなだけでなく、独特な考え方を持っている。左打者の大松尚逸《しょういつ》、松元ユウイチは右投手に対するアプローチ方法を教えてくれた。バントひとつとってもたくさんの発想があることに驚いた。

バントでいちばん驚いたのは、臨時コーチを務めてくれた若松勉さんだ。若松さんは、

「こういう回転をかければ、三塁線に転がっても絶対に切れないから」と言って、回転をかけながらバントを実践してくれた。

このように、コーチの人数分だけアイデアが出てきたが、小川の場合、コンタクトの瞬間ではなく、その準備段階から変えていった方がいいかもしれないという話になった。

そこでたどり着いたのが、バットを目線よりも上げる構えだ。これまでよりもかなり上に構えることで、コンタクトの瞬間、ボールとバットの接点の関係が変わるのだと思う。実際に練習でやってみるとうまく転がせていたし、試合でも成功する確率が上がった。コーチたちのアイデアの結晶である。

プロ野球の場合、相手がいることだし、天気やグラウンドの状態も毎日違うので、小川の構えが正解かどうかは分からない。ただ、小川は先発投手として打席に立つことも多く、バントの成否は得点力に直結するので、重要な戦力アップになった。

僕にとってうれしかったのは、小川のバント力向上という課題が出た時に、技術をどう改善するべきか、コーチ陣からたくさんのアイデアが出てきたことだ。みんなでバント論を交わしたことで、今後、同じような課題を持つ選手にも、様々な選択肢を提示できる。こうして戦力というものは耕されていくのだ。

コンディショニングについて

「プロ野球は『技術対決』の場」——先ほどそう書いたが、残念ながら、技術が失われていくケースもある。それはケガによる戦線離脱や、疲れからコンディションを崩した時に起きる。

いまの選手たちは、ものすごく真面目にトレーニングをする。オフの間もトレーニングを欠かさず、2月1日のキャンプインにビシッとコンディションを合わせてくる。体重5キロオーバーというような選手はいまどきいない。

ただし、シーズンは長い。日本シリーズまで戦うとなれば10月までの長丁場となる。昔は、キャンプで厳しい練習に取り組んで体をいじめ、1年分の体力をつけるという発想もあったが、2月につくった貯金が秋まで持つわけがない。キャンプではフィジカルの最大値を上げつつも、シーズンに入ってからコンディションを整えることがひじょうに大切になってくる。

データとして表れたケガの減少

ケガをすると、いろいろなものが失われてしまう。個人の技術もそうだし、なによりチーム力が落ちてしまう。

2021年に日本一になった後、新しいシーズンに向けて考えていたのは、「どうやったら連覇できるだろう?」ということだった。

1990年代、スワローズは1992年、93年とリーグ連覇を達成したが(93年は日本一)、94年は4位に沈んだ。95年は再び日本一になったが、翌年はまた4位になり、97年にまた日本一になった。しかし、98年は4位と、1位と4位を繰り返していた。

なぜ、こうしたことが起きたのか? 球界を代表する知性を持つ野村監督がいて、古田さんが全盛期を迎えていた。それなのに、成績のアップダウンが激しい。

この経験は、監督になってからの発想に大きな影響を与えた。振り返ってみると、90年代は日本一になった翌年に故障者が増え、戦力が削がれていた。そのため、2年続けて結果を出すことが難しかったのだ。他球団も「スワローズの連覇許さじ」と鼻息荒く、エース級をつぎ込んでくるから、2年続けて勝つのは至難の業だった。

優勝を狙って、弱点の補強のためにフリーエージェントの選手と契約する球団もある。スワローズは、他球団ほどFA市場を重視していない。ならば、現状の戦力アップを図るしかない。そこで出てくるのが、故障者を減らし、戦力の落ち込みを減らすという考え方だ。

メジャーリーグでは、ベンチ入りの登録枠26人で8月末まで戦っていくので、コンディショニングについてはよりシビアである。『マネー・ボール』で有名になったオークランド・アスレチックスは資金が潤沢ではないので、故障者リストに入った選手がどうやったら早期に復帰できるか、サッカーのプレミアリーグの知見を導入しているという。その発想はすごくよく分かる。

スワローズには年度ごとに何人が故障で戦列を離れたかというデータが残っている。僕が２０１４年にコーチになってからのデータはすべて残っていて、時系列で比較ができる。僕が二軍監督を務めていた時代、一、二軍ともにケガ人が多く、二軍の試合の打順を組むのにも苦労した。先発投手がいなくなり、ブルペン投手６人だけで2試合18イニングを戦わなければならないこともあった。それほど苦しい台所事情だったのだが、最近は故障者が少なくなっていることがデータで示されている。

「数字は嘘をつかないな」と思った。ざっくり示すと、たとえば10年前に外科で診察を受けた総数は約80回だったが、２０２２年は約50回だった。それくらい、選手のケガが減っていたのだ。この30回の差はそのまま戦力差となり、結果に直結する。

監督就任以来、「ケガ人を出さないことが重要」と唱えてきたが、数字による「見える化」

で、コンディショニングが成績に反映されていることが改めて確認できた。

ケガの減少という結果は、トレーナーをはじめとするメディカルスタッフの仕事の質や、選手たちのコンディショニングに対する意識が変わってきたことが大きい。コーチたちが選手たちの状態をしっかり把握し、適切な休養を与えられていることもある。

もちろん、現状のスワローズのマネージメントが100点満点だとは思わない。「ゆとりローテ」ではなく、一線級の投手にどんどん投げさせれば、もっと勝ち星は増えるのかもしれない。しかし、143試合を乗り切り、将来のスワローズのことを考えるならば、余裕を持った練習計画、起用は意味のあることだろう。

休み絶対主義

僕は「休み絶対主義」を唱えている。休みは適切に取らなくてはならない。

2023年のキャンプは、2月1日に練習が始まり、最初のオフは2月4日だった。この日は選手たちに「絶対に練習しないように」と伝え、強制的に練習施設を閉鎖した。休みとはいっても、「体を動かした方がいいかな」と思う選手が中にはいるからだ。ちょっとだけのつもりが、気づいたら結構練習していた、ということがあるのだ。

僕は、うまく休んだ選手の方が結果を残せると思っている。

村上宗隆のように若く、4番打者としてファンのみなさんに元気な姿を見せるのが重要な仕事という選手は別として、ベテランはコンディショニングを重視して、週に一度は休む、あるいはナイトゲームの後のデーゲームでは先発出場せず、控えに回ってもらう方が体調も整い、チーム全体の戦力維持にはプラスだと思う。

また、2022年のシーズンは、下半身のコンディション不良で開幕に間に合わなかった捕手の中村悠平について、戦列に復帰してからも3試合のうち1試合は休んでもらうようにしていた。徐々に状態を上げてもらい、ポストシーズンまで元気でいてほしかったからだ。

無理はしない

僕らの世代は、頑張っていることをアピールすることで評価された。指導者にアピールするための「見せ練」も普通にあった。僕は二軍監督になった時、「見せ練は見ないんで、やっても無駄です」と選手たちに伝えた。しっかり練習をやった後に、這いつくばってノックを受けても野球はうまくならない。集中力が低下している状態で練習しても効果は薄いからだ。そうしたことが重なると、体に負担がかかり、ケガをしやすくなる。

いまは、うまく休むことが評価される時代になりつつあると思う。

スワローズが戦力を保つためには、シーズンを通してレギュラークラスに活躍してもらう必要がある。そのためにはしっかり練習すると同時に、しっかり休むことが肝要だ。日本のキャンプでは「4勤1休」が主流だが、スワローズは「3勤1休」とした。3日練習したら、1日は休むのである。

おそらく、他球団からスワローズにやってきた選手は、キャンプの練習メニューを物足りなく感じることもあるだろう。それでも、僕は2月の頭から張り切りすぎる必要はないと思っている。開幕までのトータルの練習時間を考えると、3勤1休も4勤1休もそこまで大きな差は出ない。

開幕までに大切なのはチームとしての「起承転結」だ。

キャンプの第1クールは、全員が集まって緩やかに始動し、チームとして取り組む課題を明確にする。この部分が「起」だ。

第2クール、第3クールと実戦形式の練習が増え、選手たちも状態を上げていく。これが「承」だ。

オープン戦が始まると力試しの時期となる。修正点を洗い出し、開幕に向けてプランを練る。先発ローテーションを決めるのもこの時期だ。これが「転」。

この時期に避けたいのが選手のケガだ。コーチは選手のコンディションに細心の注意を払う。ここでケガをしたら選手がいちばん悔しいし、監督としてもブループリントを描き直さなければならなくなる。しかも下方修正だ。

そして3月下旬に、準備万端とまではいかないが、戦力を整えて開幕を迎える。これが「結」だ。

キャンプからオープン戦は、選手の技術、フィジカルの向上期間である。僕は、全員が開幕にさえ間に合えばいいと思っているので、キャンプの最初から飛ばす必要はまったくない。だから、3勤1休の休み絶対主義を貫いた。しかもそれを徹底するため、第1クールが終わった最初の休日は練習施設もクローズして、完全休養にあててもらった。

体もメンタルも徐々に上げていけばいい。キャンプの時点からこうしたメッセージを発信するのは、シーズン中のコンディショニングにも影響すると思っている。

長時間練習のメンタリティ

いまの選手たちは、ものすごく練習する。シーズンオフも体を休めるというより、パワーアップを図ってパーソナルトレーナーの指導を受ける選手も多い。真面目なのだ。だからこそ、真面目に休んでほしい。

あるトレーナーさんから「どの指導者も、どんどん練習して、と言いますが、『休め。練習するな』と言う監督は初めてです」とまで言われた。

僕はいろいろな国で野球をしてきたが、日本人の特性として、長時間練習を良しとする風潮がある。もともと野球の練習は時間がかかる。たとえば打撃練習は、安全性を考慮すると、ひとつのグラウンドで同時に2人が限界である。

ただ、野球以外の競技の指導者に聞いても、代表クラスの選手たちの多くは、高校時代に長時間練習に慣らされているそうだ。それは日本人の強みであり、弱みでもある。

長時間練習に耐えられるメンタリティはひとつの武器になる。しかし、長時間練習はどうしても集中力が削がれ、効率は落ちていく。体が疲れると、技術も失われていく。

僕は、練習を短時間に集中させて効率化を図り、回復の時間をしっかり取ってほしいと考えている。

2023年のキャンプの練習時間は、朝の9時30分から午後の3時30分まで。ウォームアップから始まり、特守、特打まで含めて6時間で終わらせてほしいと、コーチたちにリクエストした。

そうはいっても、天候の関係でメニューが消化し切れなかった時など、コーチから「もう少しだけ、４時まで練習できないでしょうか？」という相談が持ちかけられることもある。内容を聞いて、それが理に適《かな》っていれば、僕としても認めるのはやぶさかではない。

選手たちは、６時間体を動かして終わりではなく、そこから治療やメンテナンスの時間に移る。ちなみに、キャンプの早い時点では居残りの個人練習も禁止している。

キャンプの運営、マネージメントの正解はなかなか見つけられない。キャンプの練習量がそのままレギュラーシーズンの成績に直結するのだったら、多い方が良いに決まっているが、そういうわけでもない。実際、２０２１年、２０２２年とコンディショニング重視でキャンプを進め、オープン戦では２年連続で最下位だったものの、リーグでは優勝している。

２０２３年は、ＷＢＣ開催の影響でレギュラーシーズンの開幕が１週間遅くなったこともあり、ライオンズが、キャンプインを従来の２月１日から２月６日へずらしたのが話題になった。キャンプについては、いろいろな運営方法があってもいいと思っているし、それは今後も議論していきたい。

メジャーリーグでは２月中旬にキャンプが始まり、開幕の直前までキャンプ地で練習、オープン戦が続く。なぜなら、アメリカ東部のニューヨークやボストン、中西部のシカゴ、ミネソタあたりは4月に入ってもまだまだ寒いからだ。温暖なフロリダ、アリゾナで体をつくっておき、開幕直前になって地元に入る。そうした方式が日本で実現しても悪くはないと思う。良いものは積極的に採用していきたいものだ。

第10章　試合中に考えていること

最後の章では、ブループリント、そして準備を重ねてきて、「試合」ではどういったプロセスを経て判断、決断するかを書いていきたい。

秘密のサイン

いきなりの話で恐縮だが、ウチの母は野球が大好きである。見ている試合の数が膨大なので、かなり詳しい方だとも思う。ただ、僕が関係する試合を見るのは昔から怖くて仕方がないという。

2022年の日本シリーズ、2勝1分と優勢に戦いを進めていたにもかかわらず、バファローズに押し返されていた時期のことだ。母から携帯電話に着信があった。なんだろう？と思って出てみると、

「臣吾、マスクの下を、こうやって引っ張ってるけど、あれはサインかね？」

と質問をされた。

試合のことをシリアスに考えていたので、母からの質問にずっこけてしまった。たしかにコロナ禍の期間中、僕はマスクの下の方を引っ張っていた。呼吸を楽にするための仕草だっ

たのだが、母はあの動作がブロックサインの一部と思ったらしい。

「そんなことないから」と答えると、母が誰かに向かって「サインじゃないって」と話す声が聞こえてきた。どうやら友達と盛り上がっていたらしい。

あっけにとられると同時に、親としていろいろと心配してくれているんだな、と感謝した。

そういえば、僕がスワローズのクローザーとしてバリバリに投げていた頃には、こんなアドバイスをもらったこともあった。

「臣吾、相手の膝の下にボールを投げなさい」

それを聞いた僕は、「少年野球じゃあるまいし」と、おかしくて仕方がなかった。


「勝ちに不思議の勝ちあり。負けに不思議の負けなし」


母からの質問にはとにかく笑ってしまったが、ファンのみなさんも、テレビ画面に映る僕の仕草が気になるようだ。「試合中はどんなことを考えているんですか」という質問を受けることもある。

監督は3時間ほどの試合中、様々なシナリオを思い浮かべつつ、判断を下していく。特に、競った展開では脳をフル回転させて考える。コーチたちとも相談し、最善手を打ち続けなければならない。自分では最良の手を打ったつもりでも、勝つ時もあれば、負ける時もある。野村克也監督の名言に、「勝ちに不思議の勝ちあり。負けに不思議の負けなし」というものがある（元は江戸時代の肥前国平戸藩の藩主・松浦静山《まつらせいざん》が残したとされる言葉）。

野球には言葉やデータでは説明し切れない「流れ」や勝敗の「分岐点」が存在する。自分なりに野村監督の言葉を読み解いていくと、実はシンプルな答えに行き着く。

試合で勝つ時というのは、全部が全部ではないが、相手にミスが出た時である。相手のエラーから点が入ったり、逆に相手がチャンスをつくりながら、ミスで点が入らなかったりすると、不思議と勝ちが転がり込んでくる。味方が特別なことをしているわけではないのに、相手が崩れてしまうのだ。

野球はミスが避けられない競技だが、試合の序盤のミスは流れに大きな影響を与える。味方が手堅く試合を運び、反対に試合の序盤で相手にミスが出ると、主導権を握ることができ、試合を有利に運べる。そういうケースで、勝利が転がり込んでくることがあるので、野村監督は「勝ちに不思議の勝ちあり」と表現したのだと思う。

これを裏返すと、負けるのは自軍にミスが出た時であり、敗因はわりとハッキリしている。あの守備でのミスが痛かった、走塁ミスがあってチャンスを広げられなかった——。自分たちのミスで流れを手放して負けた時は、当然のことながら「負けても不思議はないよね」となる。

現役時代は、こうした発想には至らなかった。選手は自分たちの勝負のことで頭がいっぱいだから、試合全体のことまで考えが及ばないのである。しかし、監督になると、どれだけミスを少なくするかというところに勝敗の鍵があることを実感する。

このところ、スワローズは打線が打ち勝つチームというイメージが強いかもしれないが、大差で勝てる試合はそう多くはない。中盤まで競った試合になればなるほど、ミスを少なくする一方、相手のミスを誘う仕掛けをして、「不思議の勝ち」を増やしていかなければならない。

試合中のインテリジェンス

２０２２年のオフ、ソフトボールの宇津木妙子元日本代表監督と対談させていただいた時、「試合中に、よくノートにメモを取っていますね」と言われた。たしかに、気になったプレーがあれば必ずメモとして残しておく。長岡の個人面談の話を書いたが、あの時もどうしてフルスイングをしなかったのか、メモに書きつけておいたのだ。

観察しているのは自軍の選手ばかりではなく、相手選手についても気づきがあればメモに書く。試合中は相手ダグアウトの動きも観察している。プロ野球だと、相手のダグアウトの声は聞こえない。コロナ禍で声出し応援が禁止されていた時も、聞こえてはこなかった。ただ、ダグアウトの動きから、相手の「次の一手」が見えてくる。特に中盤以降、ブルペンに電話しているのが見えたり、代打を用意している様子が視界に入ってきたりすると、こちらも次の備えを打つ。特に神宮球場ではブルペンがグラウンド内にあるので、相手の動きが分かるのが面白いところだ。

ダグアウト同士で見えない会話を交わし、戦っているようなものである。

横から見るストライクゾーン

２０１４年にスワローズの一軍投手コーチとなり、ダグアウトから戦況を見つめるというのは、新鮮な体験だった。僕は基本的にマウンドで打者と対峙し、それ以外はブルペンで試合を見ていたからだ。ダグアウトから野球を見る経験が、リリーフに転向してからはほとんどなかった。

横から野球を見るのは難しい。正直、ストライクとボールの判定がよく分からないのだ。

高さは分かるが、コースが分からない。ダグアウトからは、キャッチャーが捕球し、判定があり、それを受けて投手に返球するまでの仕草で判断するしかない。たとえば、ボールの判定があり、中村悠平がひと呼吸置いてから投手にボールを返している時などは、「ああ、いまのはストライクだったのかな」と想像する。

判定に対する選手たちの反応も変わった。１９９０年代にプレーしていた僕らの世代は、投手も捕手も、判定がおかしいなと思った時に、「えっ！」という反応を普通にしていた。審判とのある種のコミュニケーションとして成り立っていたと思うのだが、いまは審判の方がそうしたアピールに対して厳しい態度を取るようになり、選手の反応は控えめになった。

メジャーリーグで、審判のストライク、ボールの判定に監督が抗議に出てくることがあるが、ダグアウトからでは判定が正しいかどうか分かるわけはなく、バッテリーの反応を見て、飛び出してくるのである。投手と捕手が退場にならないように、かばっているケースもある。

アメリカの野球中継では、ストライクゾーンが可視化され、ボールがどこにコントロールされたかすぐに分かる仕組みになっている。ストライクと判定されても、実況アナウンサーと解説者が「いまのはボールでしたね」と審判の論評をしている。審判という仕事もたいへんだな……と思う。データ化が進んだメジャーリーグだと、個々の審判のゴールにどんな傾向があるのか、分析している球団もあると聞く。

たとえば、A審判は試合が終盤になって接戦になると、際どい球についてはストライクをコールする傾向があるといった分析だ。その情報が共有され、バッテリーは打者を追い込んだらギリギリのコースで勝負し、打者はカットするなどして粘る——という戦術で臨んでいるらしい。

スワローズはそこまで踏み込んでいないが、審判の傾向についてはバッテリーが把握している。その傾向を頭に入れながら配球を組み立てていくのだ。

継投に対する迷い

競った試合では、ピンチの場面で四球が出ると、継投を考慮するタイミングである。試合の中で、判断がかなり難しいのが継投だ。

僕は、試合中盤まで勝っている場合はもちろんのこと、2点差、3点差を追いかける展開ならば、その試合はなんとかして勝ちたいと考えている。

勝っている時は、7、8、9回でセットアッパー、クローザーの札を切っていけばいいので迷いはないが、逆転を狙う試合では、思い切って替えるのか、それとも我慢するのかが問われる。

継投を決断するにあたって考える要素は多岐にわたるが、主に過去の対戦成績や相性といったデータを活用する。また、試合終盤に向けて相手の代打に誰が残っているかも考慮する。たとえば、打率の高い左の代打が残っていたら、「田口や久保を残しておきたいな」と考え、右投手でつないでいくという判断になる。

また、代走が出てきそうなシチュエーションが想定されるなら、クイックモーションが上手な投手をぶつけようと考える。

迷いは選手に伝わる

それでも、選手交代を迷う時はある。そして怖いことに、監督が迷ったら、それはダグアウトのスタッフ、選手たちに伝わってしまう。おそらく、離れているブルペンにもなんとなくそうした空気は伝わってしまう（これは、僕がブルペンにいたからよく分かる）。

その迷いが伝わると、選手たちは「あれ?」と感じる。すると、ダグアウトの雰囲気がサッと変わる。その後、逆転を許してしまう、という展開が待っていることもある。

判断、決断においては迷わないことがいちばんいい。もし迷ったとしても、「迷わないふりをする」ことも大切だ。監督経験の中で学んだことのひとつだ。

野球というのは刻一刻と状況が変わる。「ここでアウトを取ったら、次の左打者に対しては、左投手にスイッチしよう」と決めていても、アウトを取った内容が良かったら、「もうひとり頑張ってくれ」と思うことが多々ある。

次のアウトも簡単に取ったら、「これなら、この回を任せてもいいか」と考えるようになる。すでにブルペンに連絡し、準備を進めていたとしても、こうした展開になることは珍しくない。

裏目に出た時は……

こうした迷いは、良い結果を生むこともあるし、裏目に出ることもある。

２０２１年に日本一になった時は、第６戦で延長11回にマクガフをマウンドに送り、12回は石山泰稚に任せる予定だった。ところがマクガフが12回の続投を志願してきたので、その心意気を買って任せることにした。ただし、走者が出たら、スイッチするつもりでいた。

すると12回表、スワローズが川端慎吾のタイムリーで勝ち越す。その裏を抑えれば日本一だ。勝ち越した時点で、なんとなくマクガフに12回を任せても大丈夫だという予感がした。

長年培ってきた勘というべきか……流れがこちらに来ていると思ったのだ。ランナーを1人許しはしたものの、マクガフは抑え切って胴上げ投手になった。

このように、継投には予めプランがあるが、状況や戦況によって変化していく。反対に裏目に出る場合もたくさんある。続投を決断したらいきなりホームランを打たれたり、「あとひとり頼む」と引っ張ったら四球を出してしまったり……。

そうなったら、「仕方ないな」と考えるようにしている。終わってしまったことは考えてもどうしようもないので、次のプレーに集中する。次の攻撃でどうやって点を取るか、そこに考えをシフトしていくしかない（もちろん、点を取られたら悔しくて仕方がないのだが）。

ただし、試合が終わったらもちろん反省する。正直、野球の監督というのは「ああすれば良かった」と後悔ばかりしている職業だ。それも仕事の一部だと考え、試合後のコーチミーティングで、反省、復習、予習をして翌日の試合に備えるしかない。

ネガティブなことを考えつつ指揮を執る

もともと野球とは、確率的には投手が有利で、打者が不利な競技である。打率3割を打てば強打者とみなされるのだ。3打数でヒットを1本打てれば、シーズントータルとしては十分なのである。

監督として、チャンスの場面が来れば打ってほしいと願う。ただし、祈ってばかりでは監督の仕事は務まらない。

では、僕がなにを考えながら戦況を見つめているかというと、チャンスの場面であっても、うまくいかなかった場合にどうするのかを常にシミュレーションしている。

たとえば、無死満塁になったとする。スタンドに詰めかけたスワローズファンのみなさんは誰もが得点を期待するし、村上が打席に入るなら満塁弾を見たいと思うだろう。もちろん、僕だって見たい。それでも、「投手ゴロで一―二―三のゲッツー、二死二・三塁になったらどうする？」というシナリオを用意しておくのが監督の仕事だ。

なぜ、こうしたネガティブな発想を持つかというと、実際に最悪のことが起きたとしても、ガッカリする度合いが少なくて済むからだ。それに、うまくいかない方向で心の準備をしておいた方が、いい結果が出た時にうれしい。

たとえば、ＷＢＣの準決勝の試合を、僕は神宮球場の監督室で見ていた。9回裏無死一・二塁で村上に打席が回ってきた。この時は完全にファン目線になっていたので、「村上、ここで一発！」と応援モードになっていたが、監督として仕事をしていたら、可能性として送りバントを考慮していたかもしれないし、ゲッツーを想定して準備を進めつつ、タイブレークに備えてブルペンへの連絡をしていただろう。第三者と当事者では、これほど考える量が違う。

悲観的に心の準備をして、より良い結果を待つ――。これが僕の試合中の心構えである。監督を務めていて大切なのは、感情の起伏を見せないということだ。ゲッツーを取られたら、心の中で変化は起きる。それでも、ダグアウトで動揺を見せたら、選手たちに悪影響を与えてしまう。たとえば僕が大げさにため息をついたら、選手たちの士気が下がるのは避けられない。相手ダグアウトも、僕が動揺しているのが分かったら、しめしめと思うだろう。だからこそ、悲観的に心の準備をするのは大切なことだと思う。

その点、コロナ禍でのマスクはありがたかった。試合展開がうまく運ばなかった時でも、表情を読み取られることがない。僕にとって、ものすごく便利なツールだった。

選手が想像を超えてくれた時

2022年、悲観的に準備しながらも選手がこちらの想像を超えた働きをしてくれた試合があった。9月25日、ベイスターズ相手に丸山和郁がサヨナラタイムリーを打った瞬間である。

この時、ベイスターズの投手は左腕のエスコバーだった。信頼度の高いリリーバーだ。ダグアウトでは投手と打者の相性を見て結果を予測していくが、エスコバー対丸山はそれまでの対戦成績から、丸山の分が悪かった。丸山には申し訳ないが、アウトになった場合を想定しながら試合のシナリオを考えていた。丸山は、7番のサンタナが足を痛めたので代わりに守備につき、そのまま7番の打席に入った。次は長岡だが、9番は投手なので敬遠もある。さて、9番のところで誰を代打に送るべきか――とあれこれ考えていたら、丸山はなんと2球目を弾き返した。リーグ連覇を決めるサヨナラ打だ。

丸山は完全に僕の想像を超えるバッティングをしてくれた。

もうひとつ、シーズン最終戦で村上が56号弾を放った時のことも忘れられない。

村上は日本中の期待を背負って、本当に苦しんでいた。村上のフリーバッティングは、見ていて胸のすくような打球がバンバン飛んでいくのだが、9月下旬あたりからうまく打球を捉えられていない印象を受けた。たぶん、本人もなにかが違うと感じながら打っていたと思う。僕は打撃のことはよく分からないので、コーチたちに任せ、見守るしかなかった。

精神的な疲労も溜まっていたようなので、10月2日の甲子園でのタイガース戦は休養を取らせた。２０２２年、村上が休んだのは夏場に体調が思わしくなかった時と、この試合だけである。

そして10月3日の最終戦、2打席目のヒットで三冠王を決めた。ヒットが出なかったら、3打席を終えた時点で交代させる予定だったが、この一本で村上は自らチャンスを広げた。

おそらく最終打席になるであろう7回裏、4打席目が回ってくる。「なんとか打ってほしい」とは思っていたけれど、正直、ホームランが出そうな雰囲気はあまりなかった。

それがどうだ。初球をいきなり強振して、いかにも村上らしい打球がライトスタンドに突き刺さったではないか。

ムネは僕の想像を超えてくれた。

試合の流れ、チームの勢いも味方したのかもしれない。シーズン最終戦ということもあり、内川聖一、坂口智隆、嶋基宏の引退セレモニーも予定され、試合の序盤からダグアウトでみんなが涙を見せていた。そうした雰囲気が村上を奮い立たせたのかもしれない。

とにかく、あの打席だけは、それまで続いた不調が嘘のように、「あれこそ村上」というバッティングだった。なにかが降りてきたとしか思えなかった（ＷＢＣ決勝のアメリカ戦、

1打席目のホームランも、あれこそ村上という打球だった）。

目に見えない流れ

村上の56号に続き、クライマックスシリーズでは村上の内野安打で勝ち越し、流れはスワローズに来ていた。しかし、日本シリーズでは、2勝しながら勝てなかった。それでも作戦的には最善手を打っていたと思う。

ただ、第4戦以降はバファローズに「流れ」が傾いていたのは間違いなく、「なにか流れを変えられる方法があったのではないか？」という思いはある。短期決戦での流れ、相手の勢いを止めることは難しいと痛感させられたシリーズだった。

第4戦以降、「こんなはずではなかった」という思いにとらわれ、ダグアウトのムードが珍しくネガティブな方向へと流れてしまった。職場の空気が重たくなるのはスワローズとしては珍しいことで、今後、同じようなムードになった場合の改善策を考えていかなければならない。自分たちが気づかなかった根深いところに原因があったのかもしれない。「不思議の負けなし」と野村監督は言ったが、ミスが起きた要因はなんだったのか僕は知りたい。解決策に行き着けば、スワローズはより強くなれるはずだ。

勝って兜の緒を締めよ

２０２３年のシーズンを戦うにあたって肝に銘じたいのは、「勝っている時こそ課題を見つけよ」ということだ。日本シリーズでの敗戦は、勝っていたことで課題を見逃していた可能性もあるからだ。

プロの世界は勝ち負けがすべて。もちろん、連勝していれば気分は良い。僕は試合中に気になったことをメモしているが、実は負けた試合より勝った試合の方がメモの量が多いこともある。これはなぜか？　負け試合の場合、エラー絡みで失点したり、攻撃でダブルプレーになったりするので、ある意味、反省点が明確なのだ。

むしろ、勝っている試合の方が「守備位置確認」とか、「2—0のカウントで、なぜ見送ったのか?」など、もっとできたはずのことについてメモをしていることが多い。

そう考えると、勝ち試合こそ、うまく反省できれば成長のヒントがたくさん隠れているのではないか。

いまのスワローズは、試合後にコーチミーティングの時間があるので、僕は気になったところをコーチたちに伝える。その問題提起に対してコーチたちが話し合い、翌日の練習でどう改善するか、具体的な技術指導のプランが練られる。翌日、僕が球場に到着する頃にはコーチたちが解決策を見出して、具体的に選手たちに指導するという流れになっている。日々成長するための材料を探す。これは監督の重要な仕事のひとつだ。

僕は技術指導には加わらず、コーチたちに任せている。監督としては、試合で起きたプレー――「事象」に関して疑問、アイデアを示し、自分が目指す野球の方向性をコーチたちに提示するまでが僕の役目である。

野球というスポーツを観察・分析し、選手、スタッフと手を携えながら、いいチーム、ファンのみなさんに応援していただけるチームをつくっていく。

それが僕の仕事だ。

エピローグ

今回は、野球のマネージメントの話を中心に書いてきたが、ここに到達するまでには、野球でいろいろな経験をさせてもらったことが大きい。

1991年、スワローズに入団してびっくりしたのはキャンプの時だった。当初はアメリカのアリゾナ州ユマでのキャンプの予定だったのだが、1月に勃発した湾岸戦争の影響で急遽、宮崎県西都市でのキャンプに変更になった。

僕は、プロに入ったことで期待するところも大きかった。きっと、良い環境で野球に取り組めるんだろうな、と。プロになったんだから、個室を与えられるんじゃないか、と。

高校時代は10畳5人部屋、亜細亜大学に入ってからは12畳6人部屋だった。大学では上座の方に3人の先輩が寝て、下座に下級生が寝る。1年生は洗濯も担当するのだが、当時の洗濯機は二槽式で乾燥機もなく、夜、布団の中から部屋に干した先輩の洗濯物に「乾け、乾け！」と念を送っていた。そうすると本当に乾くのだ。

そうした環境で生活していたから、さぞやプロは天国だろうと思って、西都に乗り込んだ。そして、驚いた。

7人部屋だった。

野村監督は個室だったと思うが、ベテラン勢は2人部屋。残った若手は20畳ほどの大広間に7人で寝転がっていた。

プロに入り、それまでの人生で最多の7人部屋とはさすがにたまげた。

それでも楽しい思い出はたくさんある。

旅館内の温泉に入るためには、僕たちの大広間の前の廊下を通っていく造りになっていた。そこを先輩たちが通っていくのだが、広澤克実（当時は広沢克己）さんだけは必ず部屋の中に入ってきて、若手に柔道の投げ技をかけ、敷かれた布団の上にどんどん投げていく。

広澤さんは柔道もかなりの腕前なので、投げられても痛くない。みんな浴衣を着て、ワイワイ言いながら投げられていた。これは別にいじめとかではなく、広澤さんなりのコミュニケーションの取り方だった。

それが毎日続くので、若手はキャンプ終盤になるときれいに受け身を取れるまでになっていた。

このエピソードを思い出すと、スワローズの遺伝子というか、選手たちの関係性の良さが浮かび上がってくる。中堅どころの選手が若手の中に入っていき、打ち解けた雰囲気をつくる。それがファミリー的な雰囲気の醸成に貢献していたのではないかと思う。

思い出せば思い出すほど、広澤さんは面白い人だった。こうしたコミュニケーションの方法だけでなく、エピソードトークが絶妙だった。どんな話を聞いても笑い転げた。たぶん、だいぶ盛っていたと思うのだが、当時の広澤さんの口癖は「本当だって」。なんとも怪しかった。

こうした思い出が、２０２３年のキャンプインを前に、「絶対に楽しもう」と選手たちに伝えたことにつながっていったのかと思う。苦しいことも多いけれど、みんなでワイワイやりながら、挑戦を楽しんでいこうと。

僕もシーズンを楽しみたいと思っている。ただし、ひとりの時間も大切にしている。

特に、プレーボールの前は、ひとりになることが多い。試合前はギリギリまでリラックスした時間を過ごしたいからだ。

試合前の練習で選手の状態を確認し、監督室に戻ってから、夕方5時くらいまではファームの試合の映像を見たり、上がってきた報告に目を通したりする。そこから先は音楽を聴きながら、できるだけゆったりした時間を過ごすように心がけている。こう願っているのは、リラックスできていない裏返しかもしれないが。

神宮球場に足を運んでくださるファンのみなさんはご存じだと思うが、この球場は特殊な造りになっていて、球場の外にクラブハウスがあり、ライト側にある通路を通ってからいったんグラウンドに出て、ダグアウトに向かう。他の球場はダグアウトとロッカールームが直結しているから、極めて珍しい構造といえる。

僕はプレーボールの前、ギリギリの時間になってからダグアウトに入る。早く行ったところでやることもない。

音楽はアップテンポなものではなく、緩めのもの、季節によってはレゲエを聴くなどしている。一気に気持ちを高めるのではなく、冷静でいながらも、徐々に気持ちを高めていくイメージだ。

曲を聴きながら、試合のことを考えることもない。すでに手は打ってある。ホワイトボードに書いてあるメンバー表や、一軍、二軍の全選手たちのネームプレートを、考えるでもなく、ずっと眺めている。

そんな時間が僕は好きだ。

今回はチームづくりについて書いてきたが、これまで3年間監督として仕事をしてきて、できたことと、できなかったことがある。

2020年、一軍監督になった時には「チームの雰囲気を変えたい」と考えていたが、このテーマについてはそれなりに手ごたえを感じている。みんなが早く球場に行きたいな、と思ってくれるような職場。それが僕のイメージだった。子どもの頃に大好きだった野球を、大人になってもユニフォームを着て続けられている幸せを、選手たちも感じてくれていたらうれしい。

当面のゴールは達成できたのかもしれないが、正直なところ、「ゴール」がどこにあるのかはぜんぜん分からない。

野球についても、もっとよく知りたい。いま理解していることとの、より奥深いところに野球の醍醐味が眠っているような気がする。そこには一足飛びに到達することはできず、一年一年、組織として成長していかないとたどり着けないと思う。

そもそも、僕が楽しい職場にしたいと常々考えているのは、自分の体験による。シカゴ・ホワイトソックス時代に、僕がクローザーで打たれて負けたことがあった。気持ちを切り替えることができず、クラブハウスでもうなだれていたのだと思う。そんな時に、監督のオジー・ギーエンが僕のところにビールを持ってやってきた。

「シンゴ、なにを落ち込んでるんだ。ビールでも飲んで、明日、またいいピッチングをすればいいじゃないか」

その言葉は、いまだに僕の心の奥底で響いている。

打たれた時は、しんどかった。オジーにそう言葉をかけてもらっても、つらかった。それでも、僕の野球経験の中で、打たれた後にそんな言葉をかけてくれた監督はいなかった。なんだかうれしくて、少し時間が経つと、「よし、またやってやるぞ」という前向きな気持ちになり、実際、次のマウンドではいいピッチングができた。

クラブハウスでオジーに声をかけられてからしばらくして、「ああ、僕は幸せだな」と思った。

自分の仕事を評価してくれている監督がいて、失敗したとしても、ビールを持って「これでも飲め」と言ってくれる。その気持ちに応えたい。そう思えるチームにいられて、なんて幸せなんだと感じていた。間違いなく、あの時の僕は充実していた。

自分が監督になり、「こうなれたらいいな」というイメージはたくさんあったが、まず、オジーのように選手の気持ちを前向きにさせられる監督になりたいと思った。

当然のことながら、この本には書けないこともたくさんある。選手たち、コーチたち、みんな日々葛藤しているし、そこで対立が生まれることもあれば、落ち込むことだってある。ただ、僕が強調したいのは、スワローズのクラブハウス、ダグアウトが楽しい職場であれば、喜びも、悔しさも皆で共有できるということだ。

みんな、勝った負けたの世界で生きている。少年野球から始まって、勝つことの喜び、負けることの悔しさを知っている。勝ち負けによる感情の浮き沈みがあるのは、信頼できる仲間と一緒に時間を過ごしているからに他ならない。

僕は、みんなと一緒に思いを共有したい。勝負事だから、いつも勝てるとは限らないけれど、勝ってハイタッチをし、負けて悔しさを共有する職場をつくっていきたい。

それこそが、僕が理想とする職場である。

クライマックスシリーズ　ファイナルステージ

日付	球場	対戦チーム	勝敗	スコア	勝ち投手	セーブ投手	負け投手
10／12	神宮	タイガース	○	7･1	小川		西勇
13	神宮	タイガース	○	5･3	サイスニード	マクガフ	藤浪
14	神宮	タイガース	○	6･3	田口	マクガフ	青柳

日本シリーズ出場決定

日本シリーズ

日付	球場	対戦チーム	勝敗	スコア	勝ち投手	セーブ投手	負け投手
10／22	神宮	バファローズ	○	5･3	小川	マクガフ	山本
23	神宮	バファローズ	△	3･3			
25	京セラ	バファローズ	○	1･7	高橋		宮城
26	京セラ	バファローズ	●	1･0	宇田川	ワゲスパック	石川
27	京セラ	バファローズ	●	6･4	ワゲスパック		マクガフ
29	神宮	バファローズ	●	0･3	山﨑福	ワゲスパック	小川
30	神宮	バファローズ	●	4･5	宮城	ワゲスパック	サイスニード

日付	球場	対戦チーム	勝敗	スコア	勝ち投手	セーブ投手	負け投手
28	横浜	ベイスターズ	○	4・5	梅野	マクガフ	エスコバー
30	京セラ	ジャイアンツ	○	2・4	木澤	マクガフ	今村
31	京セラ	ジャイアンツ	△	8・8			
9／2	神宮	ドラゴンズ	○	5・0	サイスニード		大野
3	神宮	ドラゴンズ	●	1・5	小笠原		小川
4	神宮	ドラゴンズ	●	3・6	髙橋宏	マルティネス	原
6	甲子園	タイガース	○	6・8	マクガフ	田口	浜地
7	甲子園	タイガース	●	9・1	伊藤将		高梨
9	神宮	カープ	○	7・6	久保	マクガフ	大瀬良
10	神宮	カープ	●	7・15	森浦		サイスニード
11	横浜	ベイスターズ	○	0・1	小川	マクガフ	大貫
12	横浜	ベイスターズ	●	7・1	今永		原
13	神宮	ジャイアンツ	●	7・9	菅野		石川
16	バンテリン	ドラゴンズ	●	8・0	大野		高梨
17	バンテリン	ドラゴンズ	△	3・3			
18	甲子園	タイガース	○	0・1	小川	マクガフ	藤浪
19	甲子園	タイガース	中止				
20	東京	ジャイアンツ	●	5・4	今村	大勢	原
21	バンテリン	ドラゴンズ	○	2・6	石川		松葉
22	神宮	ドラゴンズ	●	0・3	髙橋宏	マルティネス	山下
23	神宮	ベイスターズ	●	6・8	濱口		大西
24	神宮	ベイスターズ	○	8・1	サイスニード		大貫
25	神宮	ベイスターズ	○	1・0	マクガフ		エスコバー
27	神宮	タイガース	●	1・4	青柳	岩崎	高梨
28	神宮	タイガース	●	1・2	ケラー	岩崎	清水
29	マツダ	カープ	○	4・5	木澤	マクガフ	ターリー
10／30	マツダ	カープ	○	1・5	山下		九里
2	甲子園	タイガース	△	3・3			
3	神宮	ベイスターズ	○	8・2	原		坂本裕

優勝決定
連覇達成

日付	球場	対戦チーム	勝敗	スコア	勝ち投手	セーブ投手	負け投手
18	神宮	ジャイアンツ	●	8・10	平内	大勢	マクガフ
19	神宮	ジャイアンツ	○	5・3	小澤	マクガフ	戸郷
20	神宮	ジャイアンツ	○	8・2	木澤		鍬原
22	神宮	カープ	●	2・5	森浦	栗林	マクガフ
23	神宮	カープ	●	3・15	森下		原
24	神宮	カープ	○	4・2	サイスニード	マクガフ	九里
29	甲子園	タイガース	●	6・0	西勇		小川
30	甲子園	タイガース	●	7・3	才木		小澤
31	甲子園	タイガース	○	2・4	田口	マクガフ	石井
8／2	神宮	ドラゴンズ	○	5・0	高橋		柳
3	神宮	ドラゴンズ	○	9・7	サイスニード	マクガフ	笠原
4	神宮	ドラゴンズ		中止			
5	神宮	ジャイアンツ	●	5・9	堀田		小川
6	神宮	ジャイアンツ	●	2・3	井納	クロール	清水
7	神宮	ジャイアンツ	●	4・7	桜井	大勢	梅野
9	マツダ	カープ	●	2・0	森下		高梨
10	マツダ	カープ	●	4・1	九里		星
11	マツダ	カープ	●	6・3	野村	栗林	サイスニード
12	神宮	ベイスターズ	●	3・4	大貫	山﨑	小川
13	神宮	ベイスターズ		中止			
14	神宮	ベイスターズ	○	4・1	木澤	マクガフ	坂本
16	神宮	タイガース	○	5・3	高梨	マクガフ	青柳
17	神宮	タイガース	○	4・2	高橋	マクガフ	伊藤将
18	神宮	タイガース	●	2・10	西純		サイスニード
19	バンテリン	ドラゴンズ	●	4・3	マルティネス		清水
20	バンテリン	ドラゴンズ	○	2・7	原		小笠原
21	バンテリン	ドラゴンズ	●	5・2	祖父江	マルティネス	木澤
23	神宮	カープ	○	5・4	木澤	マクガフ	島内
24	神宮	カープ	○	6・2	高梨		九里
25	神宮	カープ	●	2・3	松本	栗林	梅野
26	横浜	ベイスターズ	○	3・6	サイスニード	マクガフ	大貫
27	横浜	ベイスターズ	○	4・16	小川		石田

日付	球場	対戦チーム	勝敗	スコア	勝ち投手	セーブ投手	負け投手
8	京セラ	バファローズ	○	3・6	今野	マクガフ	本田
9	京セラ	バファローズ	○	1・2	石川	今野	増井
10	PayPay	ホークス	○	1・3	小川	マクガフ	千賀
11	PayPay	ホークス	○	4・7	梅野	マクガフ	津森
12	PayPay	ホークス	○	0・3	高橋		又吉
17	神宮	カープ	○	7・2	サイスニード	マクガフ	大瀬良
18	神宮	カープ	○	10・6	木澤		森下
19	神宮	カープ	○	8・3	石川		九里
21	バンテリン	ドラゴンズ	●	2・1	ロドリゲス		今野
22	バンテリン	ドラゴンズ	○	3・7	原		祖父江
23	バンテリン	ドラゴンズ	○	0・10	高梨		岡野
24	神宮	ジャイアンツ	○	16・6	高橋		菅野
25	神宮	ジャイアンツ	●	5・19	シューメーカー		サイスニード
26	神宮	ジャイアンツ	○	11・10	清水	マクガフ	平内
28	マツダ	カープ	○	3・6	小川	マクガフ	床田
29	マツダ	カープ	○	2・9	原		遠藤
30	マツダ	カープ	○	2・4	清水	田口	中﨑
7／1	神宮	ベイスターズ	●	4・6	今永	山﨑	高梨
2	神宮	ベイスターズ	○	2・1	清水		伊勢
3	神宮	ベイスターズ	○	11・4	小澤		京山
5	東京	ジャイアンツ	●	4・1	戸郷	大勢	高橋
6	東京	ジャイアンツ	●	4・3	鍬原		田口
7	東京	ジャイアンツ	○	3・11	石川		シューメーカー
8	神宮	タイガース	●	0・8	青柳		高梨
9	神宮	タイガース		中止			
10	神宮	タイガース		中止			
12	豊橋	ドラゴンズ		中止			
13	バンテリン	ドラゴンズ	●	6・3	福	マルティネス	木澤
14	バンテリン	ドラゴンズ	●	4・1	笠原	マルティネス	小川
15	横浜	ベイスターズ		中止			
16	横浜	ベイスターズ	●	3・2	伊勢		今野
17	横浜	ベイスターズ	●	10・2	濵口		サイスニード

日付	球場	対戦チーム	勝敗	スコア	勝ち投手	セーブ投手	負け投手
5／1	神宮	ベイスターズ		中止			
3	甲子園	タイガース	○	0･3	小川		西勇
4	甲子園	タイガース	○	0･3	石川	マクガフ	秋山
5	甲子園	タイガース	●	3･2	岩崎		大西
6	東京	ジャイアンツ	○	2･13	原		堀田
7	東京	ジャイアンツ	○	2･6	高橋		シューメーカー
8	東京	ジャイアンツ	○	3･4	木澤	マクガフ	大勢
10	神宮	ドラゴンズ	●	0･1	小笠原	マルティネス	小川
11	神宮	ドラゴンズ	●	0･2	岡野	マルティネス	吉田大喜
12	神宮	ドラゴンズ	○	3･1	高梨	マクガフ	上田
13	マツダ	カープ		中止			
14	マツダ	カープ	○	3･5	コール	マクガフ	ターリー
15	マツダ	カープ	△	5･5			
17	神宮	タイガース	○	2･1	大西		岩崎
18	神宮	タイガース	●	1･8	西純		高橋
19	神宮	タイガース	○	3･0	小川	マクガフ	ガンケル
20	横浜	ベイスターズ	●	3･1	大貫	山﨑	高梨
21	横浜	ベイスターズ	○	2･9	原		上茶谷
22	横浜	ベイスターズ	○	3･5	木澤	マクガフ	有吉
24	神宮	ファイターズ	○	3･1	清水		北山
25	神宮	ファイターズ	○	7･6	大西		北山
26	神宮	ファイターズ	●	6･9	石川直		木澤
27	楽天生命	イーグルス	○	1･8	高橋		瀧中
28	楽天生命	イーグルス	○	4･11	木澤		早川
29	楽天生命	イーグルス	●	3･1	則本	松井	石川
31	神宮	マリーンズ	○	1･0	サイスニード	マクガフ	石川歩
6／1	神宮	マリーンズ	●	3･4	美馬	益田	原
2	神宮	マリーンズ	○	7･3	石山		ゲレーロ
3	神宮	ライオンズ	○	1･0	小川	マクガフ	高橋光
4	神宮	ライオンズ	○	3･2	コール	マクガフ	本田
5	神宮	ライオンズ	○	5･3	高梨	マクガフ	エンス
7	京セラ	バファローズ	●	6･1	山岡		サイスニード

2022シーズン　全試合戦績

日付	球場	対戦チーム	勝敗	スコア	勝ち投手	セーブ投手	負け投手
3／25	京セラ	タイガース	○	8･10	梅野	マクガフ	ケラー
26	京セラ	タイガース	○	0･6	高橋		小川一
27	京セラ	タイガース	○	0･4	高梨		桐敷
29	神宮	ジャイアンツ	●	3･5	戸郷	大勢	坂本
30	神宮	ジャイアンツ	●	1･3	メルセデス	大勢	石川
31	神宮	ジャイアンツ	●	3･6	堀田	畠	原
4／1	神宮	ベイスターズ	●	1･6	上茶谷		小川
2	神宮	ベイスターズ	○	3･2	梅野		ピープルズ
3	神宮	ベイスターズ		中止			
5	神宮	ドラゴンズ	●	6･7	清水達	マルティネス	清水
6	神宮	ドラゴンズ	○	2･1	高梨	マクガフ	福谷
7	神宮	ドラゴンズ	●	3･11	髙橋宏		石川
8	東京	ジャイアンツ	○	2･7	原		菅野
9	東京	ジャイアンツ	●	3･2	大勢		梅野
10	東京	ジャイアンツ	○	1･2	高橋		赤星
12	松山	カープ	○	3･1	清水	マクガフ	中﨑
13	松山	カープ	●	1･5	床田		高梨
15	横浜	ベイスターズ	○	2･3	金久保	マクガフ	坂本裕
16	横浜	ベイスターズ	●	6･0	上茶谷		原
17	横浜	ベイスターズ	○	4･5	石山	マクガフ	クリスキー
19	バンテリン	ドラゴンズ	○	4･12	サイスニード		大野
20	バンテリン	ドラゴンズ	●	4･1	髙橋宏	マルティネス	小川
22	神宮	タイガース	●	0･6	青柳		高梨
23	神宮	タイガース	○	1･0	石川	マクガフ	ウィルカーソン
24	神宮	タイガース	●	3･11	ガンケル		金久保
26	マツダ	カープ		中止			
27	マツダ	カープ	○	2･8	原		床田
28	マツダ	カープ	○	5･9	大西		中﨑
29	神宮	ベイスターズ		中止			
30	神宮	ベイスターズ	○	2 - 0	サイスニード	マクガフ	上茶谷

企画・構成　生島淳
協力　株式会社ヤクルト球団
吉本興業株式会社

高津臣吾（たかつしんご）

1968年広島県生まれ。東京ヤクルトスワローズ一軍監督。広島工業高校卒業後、亜細亜大学に進学。'90年ドラフト3位でスワローズに入団。'93年ストッパーに転向し、チームの日本一に貢献。その後、4度の最優秀救援投手に輝く。2004年シカゴ・ホワイトソックスへ移籍、クローザーを務める。日本プロ野球(NPB)、メジャーリーグ（MLB)、韓国プロ野球、台湾プロ野球を経験した初の日本人選手。独立リーグ・新潟アルビレックスBCでは選手兼任監督としてチームを日本一に導く。'14年スワローズ一軍投手コーチに就任。'15年セ・リーグ優勝。'17年より二軍監督、'20年より一軍監督。'21年セ・リーグ優勝、20年ぶりの日本一に。'22年交流戦優勝、セ・リーグ連覇。'21年正力松太郎賞受賞。'22年野球殿堂入り。NPB歴代2位の通算286セーブ、史上2人目となるNPB／MLB通算300セーブを記録している。

理想《りそう》の職場《しょくば》マネージメント
一軍監督《いちぐんかんとく》の仕事《しごと》

2023年5月30日初版1刷発行
2023年6月20日　　2刷発行

著　者 ── 高津臣吾
発行者 ── 三宅貴久
装　幀 ── アラン・チャン
印刷所 ── 萩原印刷
製本所 ── ナショナル製本
発行所 ── 株式会社光文社
東京都文京区音羽1-16-6(〒112-8011)
https://www.kobunsha.com/
電　話 ── 編集部03(5395)8289　書籍販売部03(5395)8116
業務部03(5395)8125
メール ── sinsyo@kobunsha.com

 ISBN 978-4-334-04665-1

1234
小学校受験
現代日本の「教育する家族」
望月由起

拡大・過熱・多様化――誰が、なぜ、どのように受験しているのか。入学後の環境は？ 教育学者が小学校受験の実際や問題点、評価すべき点などを、経験者の声も交え具体的・リアルに報告。

978-4-334-04641-5

1235
アニメ療法《セラピー》
心をケアするエンターテインメント
パントー・フランチェスコ

日本のポップカルチャーの力で、心を治癒することはできるか。イタリア出身のオタク精神科医が精神医学や心理学の知見を物語療法と接続し、新しい「アニメ療法《セラピー》」を構想する。

978-4-334-04642-2

1236
安い・美味しい・簡単
実践 健康食
岩田健太郎

「近所のスーパーの特売品で自炊」に健康が詰まってる…感染症医でファイナンシャル・プランナーの資格も持つ著者と考える、お金をかけず、持続可能でより豊かに生きるための食事術。

978-4-334-04643-9

1237
社会を変えるスタートアップ
「就労困難者ゼロ社会」の実現
小野貴也

全国1500万人の「就労困難者」に適切な仕事を提供し、労働力減少を補う。社会課題を解決するスタートアップが見据える日本経済の未来像と、その先にあるインクルーシブ社会とは。

978-4-334-04644-6

1238
教育大国シンガポール
日本は何を学べるか
中野円佳

激しい教育競争、点数化する習い事――煽られ、葛藤する母親達、疲弊する子ども達。教育社会学研究者・ジャーナリストが現地の教育システムの実態を、インタビュー調査を交え報告。

978-4-334-04645-3

1239
エンタメ小説家の失敗学
「売れなければ終わり」の修羅の道
平山瑞穂
華々しいデビュー、10万部超えのヒット、そして映画化――。人気作家も目前だった小説家が犯した痛恨の「失敗」とは？出版界の裏事情と赤裸々な告白に満ちた自虐的反省の書。
978-4-334-04646-0

1240
「おふくろの味」幻想
誰が郷愁の味をつくったのか
湯澤規子
一体「おふくろの味」とは何を指しているのか。なぜそれは時に女性たちをいらだたせるのか。社会と時代を丹念に読み解き、「おふくろの味」が誕生した経緯とその正体を探る。
978-4-334-04647-7

1241
数字のセンスを磨く
データの読み方・活かし方
筒井淳也
私たちは数字に取り囲まれて日々を送っている。だが、数字をきちんと理解し、数字ときちんと向き合えているだろうか。計量社会学・家族社会学を専門とする著者が「数字との付き合い方」を示す。
978-4-334-04648-4

1242
追跡 税金のゆくえ
ブラックボックスを暴く
高橋祐貴
一般社団法人による〝中抜き〟、見えない五輪予算、孫の小遣いとなる中山間地域の助成金――。私たちの税金は何に使われているのか。気鋭の新聞記者がその杜撰な実態に粘り強く迫る！
978-4-334-04649-1

1243
友情を哲学する
七人の哲学者たちの友情観
戸谷洋志
友情とは何なのか。いま、その多様性を知ることが、人生をいくらか豊かなものにしてくれるのではないか。漫画が描く「友情」のあり方を参照しながら、哲学者七人の友情観を探る。
978-4-334-04650-7

1244
改訂版 東大合格高校盛衰史
1949年～最新ランキング徹底解剖
小林哲夫
日本一の頭脳たちはどこから集うのか？　名門進学校の凋落と躍進を辿ることで、日本社会の構造が浮き彫りになる。戦後から今に至るまでの合格者数ランキングで、東大受験の実情を一挙総覧！
978-4-334-04651-4

1245
リスキリングは経営課題
日本企業の「学びとキャリア」考
小林祐児
急速に取り組みが進む、知識やスキルの学び直し「リスキリング」を阻む、日本企業特有の構造とは何か。大人が世界一学ばない国・日本における学び方、働き方の新たな仕組みを考える。
978-4-334-04652-1

1246
宇宙ベンチャーの時代
経営の視点で読む宇宙開発
小松伸多佳　後藤大亮
宇宙開発は民間企業がイニシアティブをとる「ビジネス」として生まれ変わりつつある。ベンチャー・キャピタリストとJAXAのエンジニアが企業経営とサイエンスの観点から展望する。
978-4-334-04653-8

1247
東大生、教育格差を学ぶ
松岡亮二　髙橋史子
中村高康　編著
地域・性別・社会階層など本人が変えることのできない「生まれ」によって学力や学歴などに差がうまれる「教育格差」を、東大生38人はどう捉えるか。白熱ゼミの模様を新書化。
978-4-334-04654-5

1248
90歳までに使い切る
お金の賢い減らし方
大江英樹
「貯める・増やす」の呪縛、「老後不安」という物語に振り回されず、価値ある使い方をすることで人生を豊かに生きる方法とは。お金の本質を掘り下げ、日本人のお金観に一石を投じる。
978-4-334-04655-2